Georg A. Weth

Casanovas Lustmahle

INHALT

WO ES SCHÖNE FRAUEN GIBT, WEIß MAN GUT ZU ESSEN

EIN VORWORT

Wer war er wirklich, dieser Giacomo Girolamo Casanova (2.4.1725 in Venedig geboren, 4.6.1798 in Dux gestorben), der sich selbst zum »Chevalier de Seingalt« adelte? Er war Doktor beider Rechte, Ritter vom Goldenen Sporn und päpstlicher »Protonotar extra urbem«. Er war angehender Priester und Alchemist, Erfinder und Schriftsteller, Glücksspieler und Mathematiker, Übersetzer und Lotteriedirektor, Industrieller und Theatergeiger, Gesandter und Geheimagent der Inquisition, Gefangener der Bleikammern und Paradeoffizier, Philosoph und Seelentröster … und noch viel mehr!

Er war in jedem Fall ein Mann, der den Geist in Lust und die Lust in Geist zu verwandeln wußte. Er war ein Mann, der das Leben als Gesamtkunstwerk der Sinnesfreuden zelebrierte:

Der Kultus der Sinneslust war mir immer die Hauptsache: niemals hat es für mich etwas Wichtigeres gegeben. Ich fühlte mich immer für das andere Geschlecht geboren; Daher habe ich es immer geliebt und mich von ihm lieben lassen, soviel ich nur konnte. Auch die Freuden der Tafel habe ich leidenschaftlich geliebt …

So schreibt Casanova in seinen mehr als 4.000 Seiten umfassenden Lebenserinnerungen »Histoire de ma vie«, die in Deutschland erst in den Jahren 1960–62 vollständig erschienen. Diese Erinnerungen, die er als alternder Mann auf Schloß Dux (heutiges Tschechien) schrieb, geben uns wichtige Informationen über das Leben im 18. Jahrhundert. Gewiß können wir durch Casanovas Zeitgenossen Goethe, Voltaire, Friedrich II., Händel, Schiller, Kant, Mozart, Lessing, Maria Theresia, Madame de Staël u.v.a., über jene Epoche des Rokoko bis hin zur Französischen Revolution ein geschichtliches Stenogramm vermittelt bekommen, aber niemand hat je so unverblümte Worte gefunden wie Casanova, der dadurch ein unverwechselbares plastisches Bild jener Zeit zeichnete. Diese farbenfrohe Schilderung schien streckenweise so phantastisch, daß der italienische Dichter Ugo Foscolo 1827 sogar Zweifel anmeldete, ob Casanova überhaupt gelebt habe.
Wäre dies nicht der Fall gewesen, dieses Leben hätte erfunden werden müssen!
Dank seiner Aufzeichnungen und weil er als Genießer auch ein Gourmet war, werden uns die Tafelfreuden des Rokoko genußvoll nahegebracht. Mehr noch: Casanova berichtet in

seiner bildhaften Sprache, wie er mit Lustmahlen die Frauen eroberte – nicht verführte, denn ein Liebesverhältnis kann nur *»in Übereinstimmung mit unseren Sinnen«* erfolgen. Es scheint so, daß er überall war, *»wo es schöne Frauen gab, denn da wußte man auch gut zu essen«.*

Wahrscheinlich haben negative Kindheitserlebnisse ihn zum Genußmenschen werden lassen: Bereits mit neun Jahren gab ihn seine Mutter, die eine gefragte Schauspielerin war, nach Padua in die Obhut einer Slowenin:

Ich setzte mich an den Tisch, aber als ich vor mir einen hölzernen Löffel sah, stieß ich ihn zurück und verlangte mein silbernes Besteck, welches ich als Geschenk meiner guten Großmutter sehr liebte. Die Magd sagte mir, die Herrin wolle Gleichheit unter den Pensionären haben, und ich müsse mich daher fügen. Ich tat dies auch, obgleich es mir mißfiel.
Und da man mir gesagt hatte, daß vollkommene Gleichheit herrschen solle, machte ich es auch wie die anderen und aß aus der Schüssel, ohne mich über die Schnelligkeit zu beklagen, mit welcher die anderen aßen, doch nicht ohne mich darüber zu wundern, daß das erlaubt war.
Nach der sehr schlechten Suppe gab man uns eine kleine Portion getrockneten Kabeljau und dann einen Apfel; damit endete die Mahlzeit …
Wir hatten weder Gläser noch Becher und tranken alle aus einem irdenen Krug ein elendes Gebräu, Graspia genannt, es wird aus Wasser bereitet, in welchem man Rosinen kocht, aus denen man die Kerne entfernte …
Ich war erstaunt, daß mir nicht erlaubt war, darüber zu klagen. Man brachte mich dann ins Bett, in welchem das Ungeziefer der drei bekannten Arten mir nicht gestattete, ein Auge zu schließen. Die Ratten, welche auf dem ganzen Boden umherliefen und die auch auf mein Bett sprangen, flößten mir außerdem eine solche Furcht ein, daß mir das Blut in den Adern erstarrte …

Mein Schulmeister verwendete besondere Sorgfalt auf meinen Unterricht. Er wies mir einen Platz an seinem eigenen Tische an und um ihm zu beweisen, daß ich diese Aufmerksamkeit zu würdigen verstehe, lernte ich mit größtem Eifer und aller Anstrengung. Nach Verlauf eines Monats schrieb ich daher auch schon so gut, daß er mit mir zur Grammatik übergehen konnte.
Indessen würde mich der verzehrende Hunger allmählich aufgerieben haben, hätte ich mich nicht … alles Eßbaren bemächtigt, sooft ich Gelegenheit hatte, es ungesehen tun zu können.
Das Bedürfnis macht erfinderisch. Ich hatte einige fünfzig Heringe in einem Speiseschrank entdeckt. Ich verschlang sie sämtlich nach und nach, sowie alle Würste, die im Rauchfang hingen und um das zu können, ohne bemerkt zu werden, stand ich während der Nacht auf und führte meine Streiche tastend aus. Alle Eier, deren ich, wenn sie kaum gelegt waren, auf dem Hühnerhof habhaft werden konnte, wurden ganz warm genossen, meine Lieblingsspeise. Um zu naschen, ging ich sogar in die Küche meines Lehrers …

Nach vier oder fünf Monaten waren meine Fortschritte so groß, daß der Doktor mich zum Decurio der Schule ernannte. Ich mußte die Arbeiten meiner dreißig Mitschüler prüfen, ihre Fehler korrigieren und sie dem Lehrer mit kleinen Bemerkungen des verdienten Lobes oder Tadels anzeigen.
Alleine meine Strenge währte nicht lange, denn die Faulen machten bald das Geheimnis ausfindig, sie zu mildern. Wenn ihr Latein voller Fehler war, bestachen sie mich durch gebratene Koteletts oder Hühner und oft gaben sie mir auch Geld.
Das weckte meine Habgier oder vielmehr meine Leckerhaftigkeit, denn ich war nicht mehr damit zufrieden, die Unwissenden in Kontribution zu setzen, sondern ich wurde auch Tyrann und verweigerte denen, die es verdienten, meine Anerkennung, wenn sie sich der geforderten Kontribution zu entziehen suchten …

Ohne Zweifel, hier wurde der Grundstein zu seinem späteren Dasein gelegt. Sehr bald mußte er den Eindruck bekommen, daß das Leben, welches er zu führen gedachte, nicht mit legalen Mitteln durchgesetzt werden könne. In seiner bestechlichen Umgebung sah der Sohn einer Komödiantenfamilie die Bühne der Welt, auf der er sich später als vielseitiger Schauspieler erweisen sollte. Durch den Verlust der Mutterliebe und durch den verhältnismäßig frühen Tod seiner Großmutter, in die er diese Liebe hineinprojizierte, suchte Casanova sehr früh den Kontakt zu weiblichen Wesen, den er, dank seiner Konstitution – 120 verschiedene Frauen soll er in 40 Jahren beglückt haben – bis ins hohe Alter pflegte.
Casanova schrieb über die Frauen:

Das weibliche Geschlecht dient dem Manne, wie ihm das Essen notwendig ist, um ihn zu ernähren. Obgleich er sich an einer einzelnen Speise sättigen könnte, wünscht er hundert in verschiedenen Formen. Die Sättigung ist dieselbe, aber er bemerkt das erst hinterher.
Beim Verspeisen von verschiedenen Ragouts empfindet er jedesmal ein anderes Vergnügen. Dasselbe ist der Fall beim Genuß der Liebe.
Jede Frau ist ein von allen anderen verschiedenes Ragout. Der Erfolg ist derselbe, aber man sieht das erst nachher.
Man nennt das Unbeständigkeit. Das mag sein, aber sie gleicht der Naschhaftigkeit. Man irrt sich oft in der einen wie in der anderen,

aber man irrt sich nicht in dem Genuß, den man sich verschafft. Denn er ist immer tatsächlich verschieden.

Fast jede galante Eroberung einer schönen Frau verstand er mit einem speziellen Souper einzuleiten, das er in seinen Memoiren und anderen Aufzeichnungen häufig ausführlich schilderte.
Freilich beruhen nicht alle nachfolgenden Rezepte auf einer exakten historischen Überlieferung.
Manchmal ist nur die Menufolge erhalten, und die erlesenen Speisen wurden von den Chefköchen und den Küchenteams verschiedener, speziell für dieses Buch ausgesuchter Häuser nachgekocht bzw. nach dem Geschmack des beginnenden 21. Jahrhunderts neu kreiert. Alle Rezepte sind für 4 Personen gedacht.
Casanovas Lieblingsspeisen sind in diesem Buch nahezu alle berücksichtigt, angefangen von der unverzichtbaren Bouillon bis hin zum Käse, der in dieser Form heute wohl nicht mehr serviert werden würde:

Ich liebte alle scharfgewürzten Speisen: Makkaronipastete von einem guten neapolitanischen Koch, die Olla podrida der Spanier, den neufundländischen Stockfisch, Wildbret im höchsten Stadium seines Duftes, von Käse gerade diejenigen Sorten, deren Vollendung sich dadurch zeigt, daß die Tierchen, die sich in ihnen bilden, sichtbar werden …

Casanova beabsichtigte sogar, ein eigenes Käselexikon zu veröffentlichen. Den Plan gab er jedoch auf, da er *»über meine Kräfte«* ging.

Er war neugierig auf die Spezialitäten der von ihm bereisten Länder und sammelte die Rezepte der Gerichte, die ihm schmeckten. Für erlesene Gäste kochte er selbst, denn im 18. Jahrhundert gehörte es zum guten Ton, daß sich die Männer an den Kochtopf stellten. Als er glaubte in Paris *»ein gemachter Mann«* zu sein, übertraf er mit seinen Soupers sogar die des französischen Hofes. Höhen und Tiefen bestimmten sein Leben, die sich stets in seinen Eßgewohnheiten widerspiegelten. Am Ende seiner Tage gab er sich mit Krebssuppe zufrieden und flehte um Biskuits in Wein getunkt, die ihm jedoch versagt blieben.

Georg A. Weth

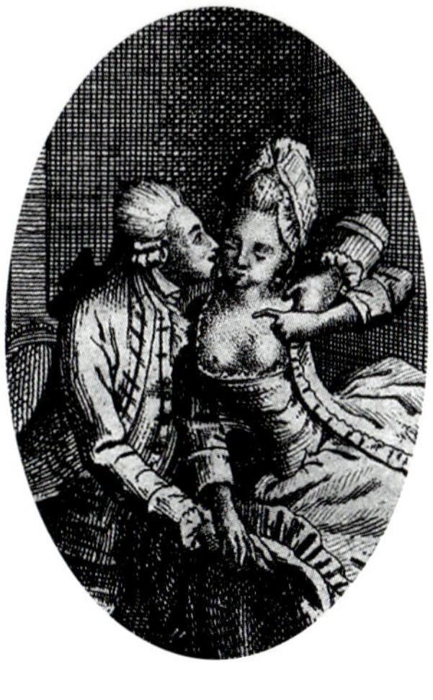

WARTEN WIR BIS NACH DEM SOUPER

Casanovas geheimnisvollste Liebesgeschichten sind mit den Namen CC und MM verbunden, die 1753 bei seiner Rückkehr von Wien nach Venedig begannen. Als er das reizende Mädchen CC, Catarina Capretta, kennenlernte, wollte er sie vom Fleck weg heiraten.
Caterina ist ebenso begeistert:

»Du kannst dir die Freude nicht denken, die ich empfand, als ich deine Erklärung an meine Mutter hörte! Wir wollen uns immer lieben.«
»Wollen wir nicht unsere Heirat beschleunigen?«
»Was mich betrifft, bin ich bereit, dir gleich morgen meine Treue zu beschwören, wenn du es willst. Ich bin zwar jung, aber nicht zu jung und überzeugt, daß ich deine Frau sein kann.«
Ich war wie in einem feurigen Ofen, und jeder Widerstand gegen das Feuer, das mich verzehrte, fing an, eine Unmöglichkeit zu werden.
»Du, die ich anbete«, sagte ich, »bist du überzeugt, daß ich dich liebe? Bist du gewiß, daß du es nie bereuen wirst, meine Frau zu sein?«
»Ich bin dessen mehr als gewiß, mein Herz, denn du kannst mein Unglück nicht wollen.«
»Nun wohl, so laß uns gleich jetzt Gatten werden …«
»Verfüge über mich, mein Freund …«
Ihre Haut, weich wie Atlas, war blendend weiß und hob noch mehr ihr prachtvolles Ebenholzhaar hervor, das über ihren Alabasterschultern dahinfloß … Ihr schlanker Wuchs, ihre hervorspringenden Hüften, ihr reizend gerundeter Busen, ihre große Augen, welche zugleich Sanftmut und das Feuer des Verlangens ausstrahlten, kurz ihre ganze Erscheinung war eine vollendete Schönheit. Im Nu hatte ich mich aller meiner Kleider entledigt, und meine Gattin gab sich ihren Neigungen des Instinktes und der Neugier hin …

Das Glück dauerte nicht lange. Als ihr Vater von dem Verhältnis erfuhr, steckte er sie in das Kloster St. Angelo in Murano.
Fast jeden Sonntag besuchte der verliebte Casanova die Kapelle des Klosters, um CC zu sehen.
Die Nonne MM, Maria Morosini, bemerkte diese Besuche und sandte Casanova einen Brief, in dem sie um ein Rendezvous bat. Bei den späteren Begegnungen erfuhr Casanova, daß MM die Geliebte des französischen Botschafters François Joachim de Pierre de Bernis sei, gleichzeitig aber auch die lesbische Freundin von CC.
De Bernis war ein Voyeur, dem das Zuschauen bei den Liebesspielen mit »35 Stellungen« meist mehr Freude bereitete, als selbst in Aktion zu treten. So arrangierte er in seinem Haus die Liebesnächte mit MM und Casanova, CC und Casanova und die Liebesspiele von Casanova mit MM und CC, bei denen er teils sichtbar oder unsichtbar in den verspiegelten Zimmern teilnahm. Jedes Tête-a-tête war mit einem unvergleichlichen Souper verbunden, zu dem sie sich abwechselnd einluden.
Das erste Diner richtete MM aus:

»Mein Freund, ich habe einen Appetit, der mir verspricht, daß ich dem Souper Ehre machen werde; willst du es mir nachtun? …«
»Ja, ich verspreche es dir …«
MM erschien mir in ganz anderer Weise schön, als ich sie im Sprechzimmer gesehen hatte … Vor ihr in die Knie sinken, ihr hundert Male meine überströmende Dankbarkeit beteuern und immer wieder ihre schönen Hände küssen, das waren die Vorboten meiner Leidenschaft, die zu einem Liebesspiel nach allen Regeln führen mußte; aber MM hielt es zunächst für ihre Pflicht, sich zu verteidigen. Welch köstliches Sträuben! … die Waffen, die sie anwandte, um meine Leidenschaft zu zügeln, um mein Feuer zu dämpfen, waren Einwände, in ebenso liebevolle wie energische Worte gekleidet und immer wieder durch so verliebte Küsse bekräftigt, daß mir das Herz schmolz. In diesem für beide ebenso süßen wie aufreibenden Geplänkel verbrachten wir zwei Stunden. Schließlich beglückwünschte sich jeder zu seinem angeblichen Sieg; … Sie klingelte und eine Frau von mittlerem Alter … deckte den Tisch für zwei Personen … (s. Rezepte folgende Seiten). *Schüsseln von Sèvresporzellan auf silbernen Wärmedecken, gefüllt mit verschiedenen Speisen. Es war ein köstliches und reichhaltiges Mahl. Wir tranken nur Burgunder und Champagner. Sie bereitete den Salat mit großer Geschicklichkeit und Zartheit, und in alledem, was sie tat, bewunderte ich ihre Anmut und Leichtigkeit.*

Die nächste Liebesnacht sollte die erste Vereinigung mit MM bringen:

Ich brannte vor Ungeduld und wollte sie befriedigen, als das bezaubernde Weib mich mit einem Worte beruhigte:
»Warten wir bis nach dem Souper.«

Von Abendessen zu Abendessen kam Casanova immer mehr ins Schwärmen, die trunkenen Nächte rauschten nur so dahin:

»Du sollst die ganze Nacht hindurch das Feuer meiner Anbetung fühlen … Ich würde sie augenblicklich beginnen, aber ich glaube, um ihre Wirksamkeit besser sichern zu können, müssen wir erst soupieren.« … Sie aß für zwei und ich für vier, denn unser vortrefflicher Appetit wurde durch die ausgesuchten Speisen geschürt …

Nachdem zu den nächtlichen Spielen auch CC und de Bernis hinzukamen, wurden die Menus immer reichhaltiger und prächtiger.

… Während des Soupers, das eines Königs würdig war, zeigte der Gesandte für CC alle möglichen Aufmerksamkeiten … Nach Mitternacht dachten wir daran, uns zu trennen und Herrn von Bernis fiel es zu, die Kosten der Artigkeiten zu bestreiten. Er dankte MM dafür, ihm das angenehmste Souper gewährt zu haben, welches er in seinem Leben genossen hatte und verpflichtete sich, ihr ein ähnliches für den zweiten Tag darauf zu bieten …

Das Souper

nachgekocht von Ernst-Ulrich Schassberger,
»Kur- und Sporthotel«, Ebnisee

Türkischer Salat · Pilaw
Kalbsleber auf venezianische Art
Bollito misto
Pot-au-feu · Fruchtpyramide

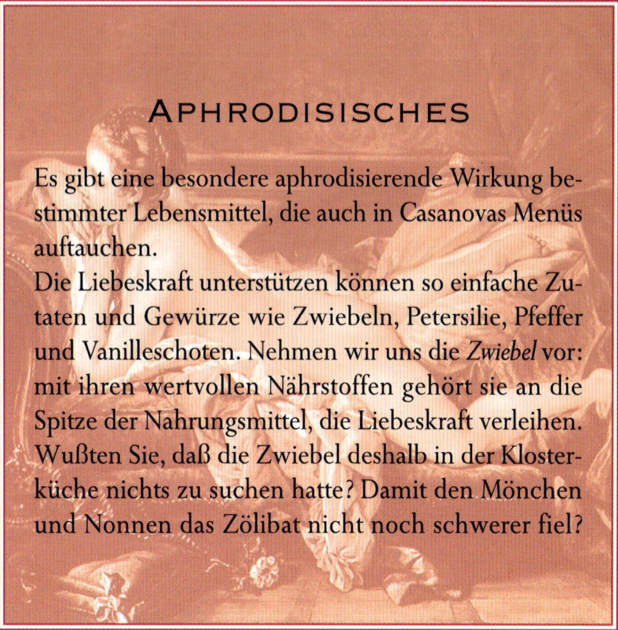

Aphrodisisches

Es gibt eine besondere aphrodisierende Wirkung bestimmter Lebensmittel, die auch in Casanovas Menüs auftauchen.
Die Liebeskraft unterstützen können so einfache Zutaten und Gewürze wie Zwiebeln, Petersilie, Pfeffer und Vanilleschoten. Nehmen wir uns die *Zwiebel* vor: mit ihren wertvollen Nährstoffen gehört sie an die Spitze der Nahrungsmittel, die Liebeskraft verleihen. Wußten Sie, daß die Zwiebel deshalb in der Klosterküche nichts zu suchen hatte? Damit den Mönchen und Nonnen das Zölibat nicht noch schwerer fiel?

Türkischer Salat

Für den Salat:

1 Kopfsalat · 2 Fleischtomaten · 1 kleine Salatgurke · 1 Zwiebel · 2 grüne Peperoni

Für das Dressing:

4 EL Olivenöl · 2 EL Essig · Salz · Pfeffer aus der Mühle · 1 EL Petersilienblättchen

Außerdem:

125 g Schafskäse · schwarze Oliven

Den Kopfsalat putzen, in mundgerechte Stücke teilen, gut waschen und trockenschleudern. Die Tomaten über Kreuz einschneiden, mit kochend heißem Wasser überbrühen, von den Stielansätzen befreien, enthäuten, vierteln und dann entkernen.

Das Fruchtfleisch in breite Streifen schneiden. Die Gurke waschen, in Scheiben schneiden und diese halbieren. Salat, Tomaten und Gurke in einer Schüssel leicht vermengen.

Die Zwiebel schälen und in feine Ringe schneiden, die Peperoni ebenfalls in feine Ringe schneiden. Beides über den Salat streuen. Olivenöl, Essig, Salz, Pfeffer und Petersilie zu einem Dressing verrühren. Das Dressing vorsichtig unter den Salat mischen.

Den Schafskäse in Scheiben schneiden. Den Salat damit und mit schwarzen Oliven garnieren.

Pilaw

1 kg Lammfleisch aus der Schulter · 5 Zwiebeln · 2 Pfefferschoten · 3 EL Öl
1/2 Knoblauchzehe · 1 1/2 l Fleischbrühe · 400 g Langkornreis · 500 g vollreife Tomaten
Salz · Pfeffer aus der Mühle · 2 EL gehackter Dill · 1 EL gehackter Borretsch (Gurkenkraut)
einige Safranfäden

Das Lammfleisch kalt abspülen und trockentupfen. Dann von überflüssigem Fett, Sehnen und Häuten befreien. Das Fleisch in große Würfel schneiden. Die Zwiebeln schälen und in Ringe schneiden. Die Pfefferschoten längs halbieren, entkernen und fein hacken.

Das Öl in einem großen Topf erhitzen. Lammfleisch, Zwiebeln und Pfefferschoten darin unter mehrmaligem Rühren kräftig anbraten. Die Knoblauchzehe abziehen und durch eine Presse dazudrücken. Mit Fleischbrühe aufgießen. Alles zum Kochen bringen und zugedeckt bei milder Hitze etwa 1 Stunde köcheln lassen.

Etwa 30 Minuten vor Ende der Garzeit den Reis dazugeben. Die Tomaten über Kreuz einschneiden, mit kochend heißem Wasser überbrühen, von den Stielansätzen befreien und enthäuten. Das Fruchtfleisch in Spalten schneiden.

Etwa 10 Minuten vor Ende der Garzeit die Tomaten in den Topf geben. Den Pilaw mit Salz und Pfeffer abschmecken. Mit Dill und Borretsch bestreuen. Die Safranfäden auf der Reisoberfläche verteilen.

Kalbsleber auf venezianische Art

1 kg Kalbsleber am Stück · 2 Zwiebeln · 4 EL Butter · 1/8 l trockener Weißwein · 3 EL Sultaninen
1 Zweig frisches Koriandergrün · 1 TL abgeriebene Schale einer unbehandelten Zitrone
Salz · weißer Pfeffer · 150 g Speck in Scheiben · 400 g junge Spinatblätter · 125 g Sahne · Reis

Die Leber kalt abspülen, trockentupfen, enthäuten und von Sehnen befreien. Die Zwiebeln schälen und grob hacken. Den Backofen auf 180 °C vorheizen. Die Butter in einer Kasserolle erhitzen und Zwiebeln darin anbraten, mit Weißwein ablöschen und die Sultaninen dazugeben.

Die Korianderblätter abzupfen und fein hacken. Mit Zitronenschale, Salz und Pfeffer vermengen. Die Leber rundherum mit der Mischung einreiben. Dann mit dem Speck umwickeln, den Speck mit Küchengarn befestigen.

Die Leber auf die Zwiebeln legen und die Kasserolle in den Ofen schieben. Die Leber etwa 30 Minuten garen. In der Zwischenzeit den Spinat putzen und waschen. Die Leber herausnehmen und Küchengarn sowie Speck entfernen. Den Speck wieder in die Kasserolle geben. Den Fond auf der Herdplatte etwas einkochen lassen.

Inzwischen die Leber mit einem scharfen, langen Messer in Scheiben schneiden. Den Spinat in kochendem Salzwasser etwa 2 Minuten blanchieren. Gut abtropfen lassen.

Die Leberscheiben auf vorgewärmte Teller verteilen. Den Bratenfond mit der Sahne verfeinern und darübergießen. Alles zusammen mit dem Spinat und gekochtem Reis servieren.

Bollito misto

Für den Bollito:

750 g Rinderzunge · 2 Zwiebeln · 2 Karotten · 2 Stangen Staudensellerie
1/2 Bund Petersilie · 500 g Rinderfilet · 1 Lorbeerblatt · 3 schwarze Pfefferkörner · Salz
500 g Kalbsfilet · 4 küchenfertige Hühnerbrüste · 250 g Knoblauchkochwurst

Für die Beilage:

500 g junge Karotten · 700 g Knollensellerie · 150 g Sahne · Salz · Pfeffer aus der Mühle
4 EL Butter

Für die Sauce:

6 Schalotten · 2 Knoblauchzehen · 2 Anchovisfilets · 6 EL Kapern · 2 EL gehackte Petersilie
125 ml Olivenöl · 6 EL Zitronensaft

Die Rinderzunge in einem Topf zusammen mit kaltem Wasser aufsetzen, bei starker Hitze zum Kochen bringen und dann halb zugedeckt auf kleiner Flamme etwa 3 Stunden garen. Anschließend die Haut abziehen und Fett sowie Knorpel entfernen. Die Zunge warm stellen.

Zwiebeln und Karotten schälen, die Zwiebeln vierteln, die Karotten in große Stücke schneiden. Staudensellerie und Petersilie waschen, den Sellerie grob zerkleinern. Das Rinderfilet in einem sehr großen Topf zusammen mit Zwiebeln, Karotten, Sellerie, Petersilie, Lorbeerblatt und Pfefferkörnern in kaltem Wasser aufsetzen. Zum Kochen bringen, dann die Hitze reduzieren, salzen und das Ganze bei mittlerer Hitze halb zugedeckt köcheln lassen.

Nach etwa 5 Minuten Garzeit das Kalbsfilet zufügen, nach weiteren 3 Minuten die Hühnerbrüste. Die Fleischsorten etwa 10 Minuten ziehen lassen, sie sollten, bis auf das Hühnerfleisch, innen noch rosa sein. Die Knoblauchwurst in einem anderen Topf in siedendes Wasser legen. Je nach Dicke etwa 15 Minuten ziehen lassen.

Für die Beilage Karotten sowie Sellerie putzen und schälen. Eine Knolle Sellerie in Scheiben schneiden, den restlichen Sellerie und die Karotten in Stücke schneiden. Voneinander getrennt in Salzwasser garen, dann abgießen.

Den Sellerie pürieren, mit Sahne verfeinern und mit Salz und Pfeffer abschmecken. Die Selleriescheiben in der Butter schön knusprig braten.

Für die Sauce Schalotten und Knoblauch abziehen, Anchovisfilets kalt abspülen. Knoblauch durchpressen, Schalotten, Anchovis und Kapern fein hacken. Die genannten Zutaten und die Petersilie in einer Schüssel vermengen. Öl sowie Zitronensaft zufügen und mit Pfeffer und Salz abschmecken.

Rinder- und Kalbsfilet sowie die Zunge in Scheiben schneiden. Hühnerbrüste und Knoblauchwurst ebenfalls in Scheiben schneiden. Die Wurst- und Fleischscheiben auf Teller verteilen. Mit der Sauce übergießen. Die Beilagen auf die Teller geben, nach Belieben Nudeln dazu servieren.

Pot-au-feu

1-2 Rindermarkknochen · 1 große Zwiebel
500 g Rindfleisch aus der Schulter · 250 g Kalbfleisch aus der Brust
1 Zweig Thymian · 2 Lorbeerblätter · 5 schwarze zerstoßene Pfefferkörner · Salz
4 Stangen Lauch · 4 weiße Rüben · 2 Karotten · 1 Handvoll Selleriegrün
2 EL gehackte Petersilie · 1/2 l trockener Rotwein

Die Markknochen in reichlich sprudelnd kochendem Wasser etwa 2 Minuten blanchieren, dann abgießen und abtropfen lassen. Die Zwiebel halbieren und auf der Herdplatte jeweils die Schnittfläche anbräunen.

Rind- und Kalbfleisch sowie Markknochen zusammen mit den Zwiebelhälften, Thymian, Lorbeer und Pfefferkörnern in 2 Liter gesalzenes Wasser geben.

Das Ganze langsam zum Kochen bringen. Anschließend etwa 3 Stunden bei mittlerer Hitze halb zugedeckt sanft köcheln lassen. Dabei zwischendurch immer wieder den aufsteigenden Schaum mit einem Schaumlöffel abschöpfen.

Nach 1 1/2 Stunden Garzeit Lauch, Rüben und Karotten putzen bzw. schälen, waschen und kleinschneiden. Zusammen mit dem Selleriegrün nach 2 Stunden Garzeit zum Fleisch geben. Die Suppe durch ein mit einem Küchentuch ausgelegtes Sieb abseihen. Fleisch, Gemüse und Brühe wieder in den Topf geben. Nochmals erhitzen und etwa 30 Minuten weiterkochen, bis alles gar ist.

Den Pot-au-feu in einer Schüssel servieren und mit gehackter Petersilie bestreuen. Den Rotwein am Tisch dazustellen, damit sich jeder einen Schuß in seinen Teller geben kann. Als Beilage eignen sich in Olivenöl gebratene Lauchscheiben und Sellerieblätter.

FRUCHTPYRAMIDE

Für die Pyramide:
1 frische Ananas · 6 Äpfel · 1/8 l trockener Weißwein · 1 TL Speisestärke
Für die Schokoladensauce:
125 ml Milch · 125 g Sahne · ausgekratztes Mark von 1/2 Vanilleschote
1 TL abgeriebene Schale einer unbehandelten Orange · 200 g geriebene dunkle Kuvertüre
Für die Orangensauce:
1/2 l frischgepreßter Orangensaft · 100 g Puderzucker · 50 g weiche Butter
Für den Vanillesirup:
200 g feinkörniger Zucker · ausgekratztes Mark von 1 Vanilleschote · 175 ml kaltes Wasser
Außerdem:
1 EL gehackte Pistazien

Die Ananas schälen, dabei von den »braunen Augen« befreien. In sehr dünne Scheiben schneiden und den harten Strunk entfernen. Den Backofen auf 150 °C vorheizen.

Die Äpfel schälen, halbieren und vom Kerngehäuse befreien. 2 Äpfel in sehr dünne Scheiben schneiden. Ein Blech mit Backpapier belegen, die Apfelscheiben darauflegen und im Ofen trocknen.

Die restlichen 4 Äpfel in Würfel schneiden. In einem kleinen Topf erhitzen, bis Saft austritt. Mit Weißwein ablöschen, die Speisestärke dazusieben und gründlich unterrühren. Die Apfelmasse einmal aufkochen lassen, bis sie bindet. Abkühlen lassen.

Für die Schokoladensauce Milch, Sahne und Vanilleschotenmark erhitzen. Einmal aufwallen lassen, dann die Hitze reduzieren und Orangenschale sowie Kuvertüre einrühren. Die Schokolade bei sanfter Hitze unter ständigem Rühren schmelzen lassen, bis die Sauce cremig wird. Die Sauce im heißen Wasserbad warm halten.

Für die Orangensauce Orangensaft und Zucker in einem Topf erhitzen. Unter Rühren auf etwa die Hälfte einkochen lassen. Anschließend die Herdplatte abschalten und die weiche Butter mit einem Schneebesen portionsweise unterziehen. Die Sauce auf Handwärme abkühlen lassen.

Für den Vanillesirup Zucker, Vanilleschotenmark und Wasser unter Rühren erhitzen. Unter ständigem Rühren etwa 3 Minuten köcheln lassen, dann durch ein feines Sieb gießen.

Abwechselnd Ananasscheiben und Apfelmasse zu kleinen Pyramiden schichten. Mit Ananasscheiben abschließen.

Mit Schokoladensauce übergießen. Die Apfelringe obenauf und darumherum legen. Orangensauce und Vanillesirup um die Pyramiden gießen, mit Pistazien bestreuen.

MAKKARONI ÖFFNETEN DIE BLEIKAMMERN

Im Jahre 1756 war Casanova der Gesprächsstoff des damaligen Europa. Er hatte es geschafft, aus dem sichersten Gefängnis der Welt, den berüchtigten Bleikammern von Venedig zu entkommen!
In der Nacht vom 25. auf den 26. Juli 1755 verhaftete man Casanova und warf ihn in die Bleikammern. Zur Begründung stand im Protokollbuch des Inquisitionssekretärs:

Nachdem das Tribunal Kenntnis erlangt hat von den schweren Verfehlungen, die G. Casanova vor allem durch öffentliche Schmähungen der heiligen Religion begangen hat, haben seine Exzellenzen ihn verhaften und unter die Bleidächer bringen lassen.

Was war wirklich geschehen, daß man Casanova ohne Gerichtsverhandlung einsperrte? Es war ein undurchsichtiges Intrigenspiel:

Von einem Gesandtschaftssekretär erfuhr ich später, ein bezahlter Ankläger und zwei Zeugen im Solde des gestrengen Tribunals hätten mich unter anderem angeklagt, ich glaube nur an den Teufel (als ob ein so alberner Glaube nicht mit Notwendigkeit den Glauben an Gott zur Voraussetzung hätte!) …
Ich wurde beschuldigt, alle Tage Fleisch zu essen und nur an hohen Feiertagen zur Messe zu gehen. Zudem sei ich der Freimaurerei verdächtigt … Ich wurde beschuldigt mit fremden Gesandten zu verkehren …

Tatsache dürfte jedoch sein, daß Casanova um die Geliebte Antonio Condulmers, einer der drei Inquisitoren warb, so daß ihn der Rivale unschädlich machen wollte.

Wie dem auch sei, bereits nach kurzer Zeit plante Casanova den Ausbruch – mit einem selbstgefertigten Brecheisen versuchte er den Zellenboden zu durchbrechen. Casanova wurde unerwartet verlegt, der Ausbruchsversuch entdeckt. Schon bald dachte er über einen erneuten Ausbruch nach. Er wußte, daß dieser nur gelingen würde, wenn er den Gefängniswärter Lorenzo für sich gewinnen könnte. Er arrangierte einen Buchtausch mit Gefangenen, bei dem er von einem Mönch namens Balbi hörte. Gemeinsam mit diesem Mönch, so glaubte er, könnte die Flucht gelingen. Er mußte Balbi sein Brecheisen geben, denn da Casanovas Zelle täglich untersucht wurde, mußte der Durchbruch von seiten Balbis erfolgen.

Das Problem war, wie ich Balbi den Spieß zuschicken sollte. Dann kam ich auf folgenden Gedanken: Meine Kochkünste hatten sich inzwischen auch im Gefängnis herumgesprochen. Besonders Lorenzo war davon überzeugt, daß ich einiges davon verstehe. Ich sagte Lorenzo, zur Feier des Michaelitages wolle ich Makkaroni und Käse essen und meinem Freun-

CASANOVAS GEHEIMREZEPTE

nachgekocht von Christian Heumacher,
Romantik Hotel »Sächsischer Hof«, Meiningen

Makkaroni mit Buttersauce
Makkaroni mit Madeirasauce

de über mir, dem Mönch, und auch ihm selbst als Anerkennung für seine Liebenswürdigkeit je eine Schüssel Makkaroni bereiten. Lorenzo war sofort einverstanden. Die Aussicht auf ein Makkaroni-Mahl machte ihn arglos. Bevor er mich wieder verließ, richtete er mir noch nichtsahnend aus, daß der Mönch über mir für den Feiertag um eine große Bibel bitte. Ich nickte freundliche Gewährung, denn das war das zwischen uns verabredete Zeichen.
Als Lorenzo dann gegangen war, wickelte ich meinen Spieß in Papier und brachte ihn so im Rücken der Bibel unter. Am Michaelitag kam Lorenzo früher als gewöhnlich mit mehreren Schüsseln und einer Wärmpfanne voll heißer Makkaroni und allen erforderlichen Zutaten.
Ich ließ ein Stück Butter zergehen, legte Makkaroni auf die Schüssel, die für den Mönch bestimmt war und goß diese bis hoch an den Rand mit Butter voll. Die Schüssel war größer als das Buch, worauf ich sie gestellt hatte. Beides, so legte ich Lorenzo ans Herz, möge er vorsichtig und unverzüglich dem Mönch bringen. Indessen würde ich seine Makkaroni herrichten.
Behutsam nahm Lorenzo die volle Schüssel und hatte alle Mühe darauf zu achten, daß die Butter nicht über den Rand laufe. So hatte er keine Augen für die Bibel mit dem versteckten Spieß.

Nun konnte Balbi den Rest der Decke durchbohren. Von dessen Zelle aus gelang die Flucht auf abenteuerliche Weise in der Nacht vom 31. Oktober auf den 1. November 1756.
Seitdem bereitete Casanova zwei Arten von Makkaroni mit besonderer Liebe zu: Makkaroni mit Buttersauce und Makkaroni mit Madeirasauce (s. Rezepte folgende Seiten).
»Gehetzt wie einen Hund« trieb es ihn nach der Flucht aus dem Gefängnis weiter zur Landesgrenze. Fünfzehn Monate schon hatte er kein weibliches Wesen mehr gesehen! Die erste Frau, der er begegnete, war ausgerechnet die Gemahlin des Polizeichefs von Valdobbiádene, der gerade unterwegs war, um nach ihm zu suchen. Seine Frau glaubte, daß Casanova der zukünftige Pate ihres Kindes wäre, bat ihn ins Haus, verpflegte ihn und bot ihm sogar eine Schlafstelle an. Als er am nächsten Morgen erwachte, wurde ihm die gefährliche Situation erst bewußt. Heimlich machte er sich aus dem Staub. Auf einem Esel und in alte Kleider gehüllt passierte er die Grenzfestung La Scala. In München angekommen, wandte er sich an die alte Gräfin Coronini-Cronberg, Hofdame von Maximilian III., die für ihn erfolgreich um Asyl bat. Bald war die Geschichte seiner Flucht in aller Munde.

Nach drei Wochen reiste Casanova über Augsburg und Straßburg weiter nach Paris. Er hatte in München die Bekanntschaft der verwitweten Madame Rivière gemacht, die mit zwei Töchtern und ihrem Sohn das gleiche Reiseziel hatte und Casanova anbot, in ihrer Kutsche mitzufahren. Die Tochter Marie hielt *»mein Herz gefangen, aber ich fühlte mich beschämt und glaubte, es der Mutter und der Lage, in der ich mich befand, schuldig zu sein, nicht die geringste verliebte Neigung erkennen zu lassen.«* Es ist somit anzunehmen, daß er sein auferzwungenes Zölibat freiwillig weiter einhielt, bis er in Paris der jungen Manon Baletti begegnete, in die er sich verliebte. Sie dürfte die erste Frau gewesen sein, mit der er nach seiner spektakulären Flucht intim wurde.

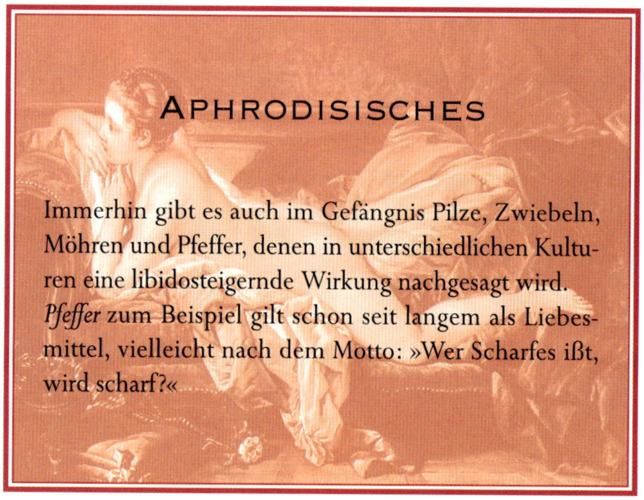

APHRODISISCHES

Immerhin gibt es auch im Gefängnis Pilze, Zwiebeln, Möhren und Pfeffer, denen in unterschiedlichen Kulturen eine libidosteigernde Wirkung nachgesagt wird. *Pfeffer* zum Beispiel gilt schon seit langem als Liebesmittel, vielleicht nach dem Motto: »Wer Scharfes ißt, wird scharf?«

Makkaroni mit Buttersauce

700 g kurze Makkaroni · Salz · 200 g weiche Butter · 4 EL Sahne
60 g frisch geriebener Parmesan · Pfeffer aus der Mühle · 3 Strauchtomaten
1 Handvoll Kerbel

In einem großen Topf etwa 2,5 Liter Wasser zum Kochen bringen. Sobald das Wasser kocht, salzen und die Makkaroni zufügen. Nach Packungsanleitung bißfest garen.

In der Zwischenzeit 180 g Butter in einer großen Schüssel schaumig rühren, nach und nach die Sahne unterziehen und den Parmesan eßlöffelweise dazugeben. Die Sauce kräftig aufschlagen. Die restliche Butter in einer kleinen Pfanne schmelzen lassen. Die Strauchtomaten waschen.

Die Makkaroni auf einem Sieb abgießen und abtropfen lassen. In der Schüssel mit der Sahne-Käse-Mischung vermengen. Mit Salz und Pfeffer würzen. Die zerlassene Butter dazugeben und alles mit Tomaten und Kerbel garnieren.

MAKKARONI MIT MADEIRASAUCE

Für die Madeirasauce:

2 kg Rinderbrust · 5 Knoblauchzehen · Salz · Pfeffer aus der Mühle · 150 g Speck in Scheiben
2 Zwiebeln · 3 Petersilienwurzeln · 6 Karotten · 250 g Pilze der Saison (Steinpilze, Pfifferlinge, Champignons) · 1 kleine Stange Lauch · 800 ml Fleischbrühe · 4 cl Madeira

Außerdem:

1 kleiner Kohlrabi · 500 g kurze Makkaroni · 200 g Spaghetti · 3 EL gehackte Petersilie
50 g gehobelter Parmesan

Das Fleisch kalt abspülen und trockentupfen. Mit einem scharfen Messer mit etwa 10 kleinen Einschnitten versehen. Die Knoblauchzehen abziehen, halbieren und die Hälften in die Einschnitte stecken. Das Fleisch salzen und pfeffern, mit den Speckscheiben umwickeln und diese mit Küchengarn festbinden.

Die Zwiebeln schälen und grob hacken. Petersilienwurzeln putzen, waschen und in Stücke schneiden. Die Karotten schälen und würfeln. Die Hälfte der Würfel für die Garnitur beiseite legen.

Die Pilze putzen, mit einem feuchten Tuch abreiben und vierteln. Den Lauch putzen, waschen und in feine Ringe schneiden.

Die gespickte Rinderbrust in einem großen Topf bei starker Hitze rundherum anbraten. Gemüse sowie Pilze hinzufügen und kurz mitanbraten. Mit Fleischbrühe aufgießen. Den Topf verschließen und das Fleisch bei mittlerer Hitze etwa 2 Stunden garen.

Etwa 15 Minuten vor Ende der Garzeit den Kohlrabi schälen und würfeln. Makkaroni und Spaghetti jeweils in reichlich Salzwasser bißfest garen. Kohlrabi- und restliche Karottenwürfel in Salzwasser etwa 5 Minuten blanchieren.

Das Fleisch herausnehmen und die Sauce mit dem Madeira verfeinern. Das Fleisch anderweitig verwenden. Die Sauce durch ein feines Sieb gießen und warm halten. Makkaroni und Spaghetti abgießen und abtropfen lassen. Karotten- und Kohlrabiwürfel ebenfalls abtropfen lassen.

Die Spaghetti jeweils in der Mitte auf vorgewärmten Tellern anrichten, die Makkaroni außen herumlegen. Die Sauce darübergießen. Alles mit den Gemüsewürfeln und einigen Pilzen (aus der Sauce) garnieren. Mit Petersilie bestreuen. Den Parmesan separat dazu reichen.

SPEISEN WIE AM HOFE LUDWIGS XV.

Seitdem Casanova 1750 die königliche Familie in der Sommerresidenz Fontainebleau beim Essen beobachtete, hatte er sich geschworen, daß er seinen Gästen immer das *allerbeste* Hühnerfrikassee der Welt vorsetzen werde.
Mit der Sommerresidenz verhielt es sich nämlich so: Wer in Paris etwas auf sich hielt, der mietete in Fontainebleau ein Häuschen, um für sechs Wochen am Hofleben – soweit es für die Öffentlichkeit bestimmt war – teilzunehmen. Ab und zu durfte man sogar der königlichen Familie beim Essen zusehen. Casanova schildert, wie er einmal Gelegenheit hatte, die Königin beim Essen zu beobachten:

Ihre Majestät begann zu essen, ohne jemanden anzusehen. Sie hielt die Augen auf ihren Teller gerichtet. Ein bestimmtes Gericht hatte ihr sichtlich geschmeckt, denn sie ließ es sich zum zweiten Mal reichen, und nun musterten ihre Augen den Halbkreis vor ihr – ohne Zweifel, um zu sehen, ob nicht jemand darunter sei, dem sie über die Leckerhaftigkeit Rechenschaft geben müßte. Sie fand ihn und sagte: »Monsieur de Löwendal! Ich finde, Hühnerfrikassee ist das beste Ragout!«
»Ich bin derselben Meinung, Madame!«

Wer hätte gedacht, daß ein Hühnerfrikassee eines Tages hoffähig würde! Casanova sollte das »allerbeste« Hühnerfrikassee allerdings erst 7 Jahre später, 1757, seinen Gästen servieren können.

Casanova war den Bleikammern entkommen und erreichte nach der Flucht über Bozen, München, Augsburg und Straßburg am 5. Januar 1757 Paris, die Stadt, die ihm einen bleibenden Eindruck hinterließ:

So bin ich also wieder in Paris, der einzigartigen Stadt, die ich von nun an als meine Heimat ansehen muß. Ich werde, sagte ich mir, zurückhaltend in meinem Benehmen und in meinen Reden sein und dadurch einen Ruf erwerben, der mir zustatten kommen wird.

Er hatte mit seinen Vorsätzen Erfolg, denn viele Jahre später schrieb er als dreiundsiebzigjähriger Mann an die Gräfin Roggendorf:

… in Paris machte ich binnen zwei Jahren so glänzende Geschäfte, daß ich Millionär wurde …

Aber wie wurde er zum Millionär?
Zu seiner großen Freude entdeckte er bald, daß sein alter Intimfreund, François Joachim de Pierre de Bernis, mit dem er 1753 die schönen Frauen CC und MM teilte, für Ludwig XV.

Menü im Hotel Bourbon

nachgekocht von Andrej Kuhar,
»Die Weyberhöfe«, Sailauf

Basilikumschaumsuppe
Frikassee vom Masthuhn
Salat à la Casanova
Gesottener Stör
Champignonragoût
Wildkaninchen à la Vénitienne
Birnen à la Casanova

tätig war und sogar demnächst auf Empfehlung der einflußreichen Madame Pompadour Außenminister werden sollte. De Bernis wußte, was er Casanova schuldig war. Er empfahl ihn – ihn, dem das Geld in den Händen zerrann! – als Finanzfachmann, der die Staatskasse füllen könne. Casanova tat sich mit seinem italienischen Landsmann Giovanni Calzabigi zusammen und machte dem König die Durchführung einer Lotterie schmackhaft, die Millionen einbringen sollte – und auch tatsächlich einige Millionen in den Staatssäckel brachte!
Bei der ersten Ziehung verzeichnete man eine Gesamteinnahme von zwei Millionen Franken, von denen einige Hunderttausend an Casanova gingen.

Das Glück schien es sich zur Aufgabe zu machen, mich auf den richtigen Weg nach oben zu bringen.

Er hatte jetzt so viel Geld, daß er es sich sogar leisten konnte, im vornehmen »Petite Pologne« ein Haus hinter dem Garten des Herzogs von Gramont zu mieten. Der »Butterkönig« – so genannt, weil er der beste Butterlieferant Ludwigs XV. war – vermietete an Casanova dieses großzügige Anwesen, »Varsovie en bel air« genannt, mit drei Herrschaftswohnungen, einem Stall für etwa zwanzig Pferde, mit Keller und Küche samt Geschirr und Köchin für jährlich einhundert Louis.

Rauschende Feste und Speisenfolgen wie am Hofe Ludwigs XV. machten Casanova zu einem begehrten Gastgeber. Vor allem wußte man sein Hühnerfrikassee zu schätzen, für das er Hühner hielt, die er in einem dunklen Zimmer seines Hauses mit Reis mästete: *Das Fleisch war weiß wie Schnee und von köstlichem Geschmack.*

Für die Einladungen, die er als »Lotteriekönig« gab, wurde sein Haus jedoch bald zu klein. Nach der ersten Ziehung lud er namhafte Persönlichkeiten aus Politik, Wirtschaft und Gesellschaft in das Hotel »Bourbon« zu einem Festdiner (Rezepte s. folgende Seiten) ein, bei dem er den Salat sogar selbst anmachte.
Natürlich durfte eine schöne Frau dabei nicht fehlen: Casanovas 15jährige Freundin Manon Baletti, die aus einer damals in Paris beliebten Schauspielerfamilie stammte, war ebenfalls eingeladen.
Casanova ließ bei dieser Gelegenheit auch Stör servieren, der 1757 in Paris zu einer der größten Delikatessen zählte. Es gilt als sicher, daß selbst der König sich nur in den Jahren 1756 und 1782 Stör leisten konnte.
Casanovas Leuchtkraft am Pariser Gourmethimmel übertraf für kurze Zeit sogar die des Königshofes.

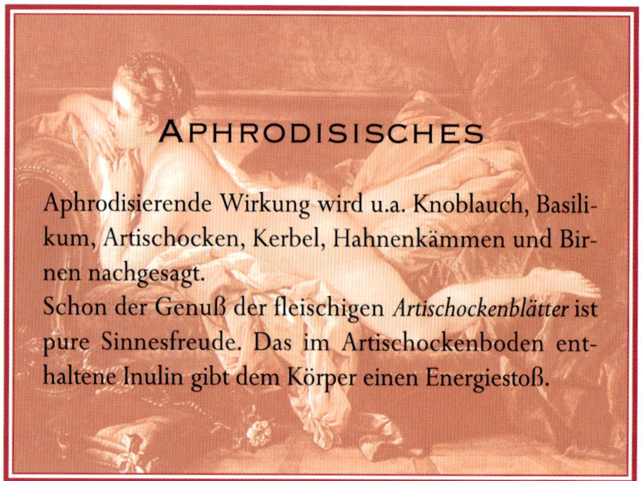

Aphrodisisches

Aphrodisierende Wirkung wird u.a. Knoblauch, Basilikum, Artischocken, Kerbel, Hahnenkämmen und Birnen nachgesagt.
Schon der Genuß der fleischigen *Artischockenblätter* ist pure Sinnesfreude. Das im Artischockenboden enthaltene Inulin gibt dem Körper einen Energiestoß.

Basilikumschaumsuppe

Für die Suppe:

1 l Gemüsebrühe · 300 g Crème double · Salz · Pfeffer aus der Mühle

Für das Basilikumpüree:

2 kleine Knoblauchzehen, geschält · 2 EL Petersilienblättchen · 2 EL Basilikumblättchen

1 TL Pinienkerne · 6 EL kaltgepreßtes Olivenöl

Außerdem:

80 g kalte Butter in Würfeln · 100 g geschlagene Sahne

Die Gemüsebrühe aufkochen, die Crème double einrühren und das Ganze bei schwacher Hitze 30 Minuten köcheln lassen. Mit Salz und Pfeffer würzen.

Während die Suppe kocht, alle Zutaten für das Basilikumpüree in einem Mörser oder in der Küchenmaschine zu einer glatten Paste verarbeiten.

Kurz vor dem Servieren die kalten Butterwürfel mit einem Mixstab in die Brühe einarbeiten. Das Basilikumpüree mit der geschlagenen Sahne vermischen und das Ganze mit einem Schneebesen unter die Suppe ziehen. Alles bis kurz unter den Siedepunkt erhitzen. Die Suppe nicht mehr kochen lassen und sofort servieren.

Frikassée vom Masthuhn

Für den Fond:

4 Hahnenkämme · 4 Hühnermägen · 100 g Kalbsbries · 1 Masthuhn (Poularde, ca. 1,6 kg)

Salz · Pfeffer aus der Mühle · 4 Schalotten · 1 Karotte · 50 g Staudensellerie · 50 g Lauch

2 Petersilienstangen · 50 g Champignons · 1/2 Lorbeerblatt · 2 Estragonzweige

200 ml Weißwein · 1 Nelke

Für das Frikassée:

100 g Champignonköpfe · 50 g getrocknete Spitzmorcheln · 1 schwarze Trüffel (ca. 30 g)

100 g Butter · 2 Knoblauchzehen, geschält · 200 g Sahne · 1 frisches Eigelb · Zitronensaft

Die Hahnenkämme für etwa 4 Stunden in kaltes Wasser legen. Dann in kochendem Salzwasser etwa 30 Sekunden blanchieren, anschließend sofort in Eiswasser legen. Die dünne Haut abziehen oder abschaben. Die Kämme nochmals für mehrere Stunden in kaltes Wasser legen. Die Hühnermägen aufschneiden, ausnehmen, waschen und die sehnigen Teile entfernen.

Das Kalbsbries etwa 2 Stunden wässern. Mehrmals das Wasser wechseln. Dann in stark gesalzenes, kaltes Wasser legen, zum Kochen bringen und 5 Minuten blanchieren. Abgießen, von Haut und Sehnen befreien und kleinschneiden.

Das Masthuhn innen und außen waschen, in 8 Stücke teilen und das Fleisch von den Knochen schneiden, dabei das sichtbare Fett entfernen. Die Fleischstücke salzen, pfeffern und beiseite legen. Fett und Knochen kleinschneiden. Schalotten, Karotte, Staudensellerie, Lauch und Petersilie putzen bzw. waschen und zerkleinern. Pilze putzen. Das Hühnerfett in einem Topf mit dickem Boden erhitzen, die Knochen zufügen und langsam anschwitzen, ohne jedoch Farbe nehmen zu lassen. Gemüse, Pilze sowie Kräuter zugeben und kurz andünsten. Mit Weißwein ablöschen, die Nelke dazugeben und mit 1 Liter Wasser auffüllen. Das Ganze bei milder Hitze etwa 1 Stunde offen köcheln lassen. Dabei mehrmals den aufsteigenden Schaum abschöpfen. Den Fond durch ein mit einem Tuch ausgelegtes Sieb abseihen. Abkühlen lassen und das Fett an der Oberfläche abnehmen.

Für das Frikassée die Champignonköpfe putzen, die Morcheln einweichen, dann gut abspülen. Trüffel abbürsten und in dicke Scheiben schneiden. In einer Kasserolle die Butter aufschäumen lassen. Die beiseite gelegten Geflügelstücke einlegen und kurz anziehen, aber keine Farbe nehmen lassen. Knoblauch zufügen, den Fond angießen.

Das Ganze zugedeckt etwa 20 Minuten sanft köcheln lassen, dabei die Kasserolle immer wieder bewegen, damit das Fleisch gleichmäßig gart. Dann Hahnenkämme, Hühnermägen, Kalbsbries, Morcheln, Champignons und Trüffel dazugeben. Das Ganze etwa 15 Minuten köcheln lassen.

Die Sahne mit dem Eigelb verquirlen und das Frikassée damit binden. Mit Zitronensaft, Salz und Pfeffer abschmecken.

Salat à la Casanova

Für den Salat:

400 g frische Salate der Saison, z. B. Feldsalat, Radicchio, junger Spinat, Rucola

4 gekochte Wachteleier · 4 Kirschtomaten

Für die Vinaigrette:

2 feingehackte Schalotten · 100 ml Consommé (klare, kräftige Rindfleischbrühe)

4 EL kaltgepreßtes Olivenöl · 4 EL Traubenkernöl · 1 EL Trüffelöl

2 EL Balsamessig (Aceto Balsamico, mindestens 10 Jahre alt)

2 EL Sherry medium · 1/2 TL Dijonsenf · weißer Pfeffer aus der Mühle

Außerdem:

4 Artischockenherzen · frische Kräuter zum Bestreuen (Kerbel, Basilikum, Estragon, Petersilie)

Die Salate putzen, waschen und trockenschleudern. Die Wachteleier halbieren. Die Tomaten waschen und halbieren.

Für die Vinaigrette die Schalotten kurz in kochendem Wasser blanchieren. Gut abtropfen lassen, dann mit den übrigen Zutaten für die Vinaigrette gründlich vermischen.

Die Salatblätter mit der Vinaigrette marinieren und auf 4 Teller verteilen. Jeden Teller mit Wachteleiern, Tomaten und Artischockenherzen garnieren. Zum Schluß alles mit frischen Kräutern bestreuen.

Gesottener Stör

2 Karotten · 1 Stange Lauch · 1 kleines Stück Stangensellerie · 4 Schalotten
500 ml trockener Weißwein · Salz · 2 ungeschälte Knoblauchzehen
abgeriebene Schale von 1/2 unbehandelten Zitrone · 1 EL weiße Pfefferkörner · 1 Nelke
1 Lorbeerblatt · 6 Petersilienzweige · je 1 Zweig Fenchelgrün und Thymian
2 Zweige Estragon · 4 Scheiben vom Störfilet à ca. 100 g · Pfeffer aus der Mühle
100 g heiße Butter · Estragon zum Garnieren

Karotten, Lauch, Sellerie sowie Schalotten putzen bzw. schälen, waschen und in feine Streifen schneiden. Das Gemüse in einem Topf trocken etwa 10 Minuten bei milder Hitze anschwitzen lassen.

Mit Weißwein ablöschen, 1 Liter Wasser und Salz zufügen. Dann Knoblauch, Zitronenschale, Pfefferkörner, Nelke sowie die Kräuter in den Topf geben. Das Ganze bei mittlerer Hitze etwa 20 Minuten garen. Das Gemüse sollte noch bißfest sein.

Die Störfilets salzen, pfeffern und in die heiße Brühe legen. Zugedeckt je nach Größe 8 bis 10 Minuten pochieren. Danach Fisch und Gemüse aus dem Sud nehmen und auf eine vorgewärmte Platte legen. Warm stellen.

Den Sud auf ein Viertel einkochen lassen. Die heiße Butter mit einem Schneebesen unterziehen. Den Sud über den Fisch gießen und alles mit Estragonzweigen garnieren.

Champignonragoût

500 g kleine, feste Champignons · 2 mittelgroße Schalotten · 4 EL Butter · 4 EL Weißwein
100 g Crème double · Salz · weißer Pfeffer aus der Mühle · 4 kleine Brötchen
Butter zum Ausstreichen · 1 EL Sahne · 12 Kirschtomaten · Kerbel zum Garnieren

Den Backofen auf 200 °C vorheizen. Die Champignons mit einem Tuch abreiben und halbieren. Die Schalotten abziehen und fein hacken. Die Butter in einer Kasserolle erhitzen und die Schalotten darin anschwitzen lassen. Die Pilze hinzufügen und etwa 5 Minuten andünsten. Dabei mehrmals umrühren.

Den Weißwein angießen und das Ganze nochmals 2 Minuten dünsten. Dann die Crème double mit einem Schneebesen einrühren und das Ragoût dickflüssig einkochen lassen. Mit Salz und Pfeffer würzen.

Während das Ragoût kocht, die Brötchen aushöhlen und innen mit Butter ausstreichen. In den Ofen schieben und kurz knusprig backen. Die Sahne unter das Ragoût mischen und dieses in die Brötchen füllen. Die Kirschtomaten waschen und zusammen mit den gefüllten Brötchen im Ofen kurz backen. Alles mit Kerbel garnieren.

WILDKANINCHEN À LA VÉNITIENNE

16 Schalotten · 2 Knoblauchzehen · 1 Karotte · 1/2 Stange Lauch · 150 g Bauchspeck
4 Keulen und 2 Rücken von jungen Kaninchen · 1 Kräuterstrauß aus Thymian, Lorbeerblatt,
Petersilie, Gewürznelke, Rosmarin und Stangensellerie · 1 TL zerstoßene schwarze Pfefferkörner
400 ml Weißwein · 100 ml Madeira · Pfeffer aus der Mühle · Salz · 140 g Butter

Schalotten, Knoblauch sowie Karotte schälen und in dünne Scheiben schneiden. Lauch putzen, waschen und in Ringe schneiden. Den Speck in Streifen schneiden und kurz in kochendem Wasser blanchieren. Gut abtropfen lassen. Diese Zutaten zusammen mit den Kaninchenteilen, dem Kräuterstrauß und schwarzem Pfeffer in eine große, flache Porzellanschüssel geben. Mit Weißwein und Madeira begießen. Die Schüssel abdecken und die Kaninchenteile im Kühlschrank etwa 12 Stunden marinieren lassen.

Kaninchenteile, Speck, Karotte, Knoblauch und Schalotten aus der Marinade nehmen. Das Fleisch abtropfen lassen. Den Ofen auf 160 °C vorheizen. In einem Schmortopf 100 g Butter erhitzen und die Kaninchenteile darin kurz anbraten. Schalotten sowie Speckstreifen hinzufügen, den Topf verschließen und das Ganze im Ofen etwa 50 Minuten schmoren lassen. Dabei häufig mit Marinade begießen.

Kaninchenteile, Schalotten und Speckstreifen herausnehmen und warm stellen. Den Kräuterstrauß entfernen. Den Bratensatz etwas einkochen lassen. Durch ein Haarsieb passieren und wieder in den Topf geben. Das Kaninchenfleisch von den Knochen lösen und in Scheiben schneiden. Zusammen mit Schalotten und Speckstreifen in den Topf geben. Alles erneut erhitzen. Restliche Butter unter die Sauce arbeiten, bis diese bindet.

Birnen à la Casanova

4 mittelgroße Birnen (z. B. Gute Luise) · 500 g Zucker · 5 Scheiben einer unbehandelten Zitrone
1 aufgeschnittene Vanilleschote · 100 ml Bénédictine (franz. Kräuterlikör)
100 ml Milch · 2 EL Mandellikör · 100 g Crème double · 50 g Puderzucker · 300 g Sahne
50 g dunkle Kuvertüre · 50 g weiße Kuvertüre · 16 Pfefferminzblätter
Mandelblättchen zum Bestreuen

Die Birnen schälen, halbieren und jeweils das Kerngehäuse entfernen. Zucker, Zitronenscheiben und Vanilleschote zusammen mit 1 Liter Wasser in einen Topf geben. Aufkochen lassen. Die Birnen darin bißfest dünsten, dann im Sud abkühlen lassen. Herausnehmen, jeweils den unteren Teil der Birnenhälften fächerförmig einschneiden. Dann in eine Schüssel legen, mit Bénédictine übergießen und darin etwa 1 Stunde ziehen lassen.

Milch, Mandellikör, Crème double und Puderzucker gründlich verrühren. Die Sahne steif schlagen. Zwei Drittel davon unter die Mandelmasse heben. Dunkle und weiße Kuvertüre voneinander getrennt im Wasserbad schmelzen. Jeweils in Spritztüten aus Pergamentpapier füllen. Ein schwarzweißes Gitter auf Pergament spritzen und fest werden lassen.

Die marinierten Birnen auf tiefen Tellern anrichten und jeweils mit Mandelmasse umgießen. Restliche Sahne in einen Spritzbeutel mit Sterntülle füllen und die Birnen mit Sahnerosetten verzieren. Die Schokoladengitter mit einem erwärmten Messer vom Papier lösen, in vier Teile teilen und je einen Teil auf die Sahnerosetten legen. Alles mit Pfefferminzblättern garnieren und mit Mandelblättchen bestreuen.

RAGOÛT, GLEICH EINER LIEBESNACHT

Es muß im Jahre 1757 gewesen sein, als Casanova mit seinem Freund Claude Pierre Patu, Dichter und Advokat am Parlament von Paris, zum ersten Mal das »Hotel du Roule« betrat. Dieses Bordell war damals in ganz Paris berühmt, auch Voltaire zählte zu seinen Stammgästen. Das Hotel der Madame Pâris war kein gewöhnliches Etablissement, denn es gab dort nicht nur die hübschesten und intelligentesten Mädchen, die besten Betten und einen hervorragenden Wein, sondern auch einen vorzüglichen Koch, dessen Spezialität, ein »Ragoût des béatilles«, selbst die nachfolgende Liebesnacht in den Schatten zu stellen drohte.

Eine gut gekleidete, aber einäugige Dame von etwa fünfzig Jahren – Madame Pâris – trat auf uns zu und erkundigte sich höflich, ob wir gekommen seien, um in der Gesellschaft der Demoiselles zu speisen. Wir bejahten, und sie führte uns in einen Saal, in dem wir vierzehn in weißen Musselin gekleidete Mädchen gewahrten, die in einem Halbkreis beisammensaßen und Handarbeiten machten. Als wir eintraten, erhoben sich alle zugleich und machten eine zierliche Reverenz … Wir gingen von einer zur anderen und sagten jeder ein paar Worte. Als mein Freund die seine wählte, entschied ich mich für eines der Mädchen … Dann führten sie uns in den Garten und sagten, man werde uns rufen, sobald das Diner bereit sei und sie sich als unsere Gäste betrachten dürften.

Madame Pâris lächelte uns zu, als wir an ihr vorübergingen und sagte: »Sie können nun nach Belieben in meinem Garten spazieren, meine Herren. Erfreuen sie sich an der guten Luft, an dem Frieden und der Ruhe, die hier herrschen und seien sie im übrigen sicher, daß jedes meiner Mädchen vollkommen gesund ist !«

Nach einem kurzen Spaziergang führte jeder von uns sein Mädchen in eines der ebenerdigen Zimmer. Ich hatte eine Gespielin gewählt, die mich an eine frühere Freundin erinnerte, so daß es mir nicht schwerfiel, ihr meine Aufmerksamkeit zu bezeigen. Dann rief man uns zu Tisch. Wir aßen recht gut.

(Rezepte s. folgende Seiten)

Unsere beiden Gäste genierten sich nicht, ordentlich zuzugreifen und sich von uns sogar ein bißchen verwöhnen zu lassen. Aber kaum daß der Kaffee getrunken war, erschien Madame mit der Uhr in der Hand, rief die beiden Mädchen zu sich und erklärte uns, daß die Zeit leider schon abgelaufen sei. Für weitere sechs Francs könnten wir uns jedoch bis zum Abend amüsieren. Mein Freund antwortete, daß er gerne bereit wäre, jedoch ein anderes Mädchen wählen würde.

»Ganz nach Belieben, Messieurs«, antwortete die Pâris.

Wir kehrten in den Saal zurück, trafen noch einmal unsere Wahl und gingen abermals spazieren. Aber wieder störte man uns, ehe wir unsere

Menü für eine Liebesnacht

nachgekocht von Gisbert Austgen,
Romantik Hotel »Fasanerie«, Zweibrücken

Karottencremesuppe
Forelle blau · Ragoût der Glückseligen
Schokoladengelee

Partie beendet hatten, und wir mußten wohl oder übel dem strengen Reglement des Hauses gehorchen.
Ich nahm meinen Freund beiseite, und wir tauschten zunächst ein paar philosophische Gedanken über die bekannte Tatsache, daß unterbrochene Vergnügungen unbefriedigt lassen.
»Gehen wir noch ein drittes Mal in den Serail«, schlug ich vor, »wählen wir eine dritte und lassen wir uns versprechen, daß wir dann mit dieser bis zum Morgen ungestört sein werden!«
Mein Freund fand den Vorschlag nach seinem Geschmack. Wir unterbreiteten ihn der Dame des Hauses und diese antwortete, daß sie uns nun als Männer von Geist erkenne.
Als wir zum dritten Male im Serail erschienen, ohne uns an die Mädchen zu halten, die wir bisher gehabt hatten, lachten die anderen die vier Unglücklichen aus und diese wiederum rächten sich an uns, indem sie uns allerlei verfängliche Schimpfnamen gaben.
Ich achtete nicht mehr darauf, als ich ein drittes Mädchen gefunden hatte, denn sie war eine ausgesprochene Schönheit.
ch dankte dem Himmel, daß sie mir bis dahin entgangen war, denn nun war ich sicher, mich ihr vierzehn Stunden lang widmen zu können. Sie nannte sich Saint-Hilaire (und ein Jahr später war dieser Name schon berühmt, als ein Lord sie mit sich nach England nahm).
Sie sah mich stolz, ja verachtungsvoll an, und ich brauchte eine gute Stunde, um sie für mich einzunehmen. Sie fand nämlich, daß ich unwürdig sei, mit ihr zu schlafen, weil ich mir erlaubt hatte, sie weder beim ersten noch beim zweiten Male zu wählen.
Ich versuchte ihr zu erklären, daß eben diese Unaufmerksamkeit nun uns beiden Vorteile bringe, da wir Zeit vor uns hätten. Das stimmte sie schließlich versöhnlich und es zeigte sich, daß sie Geist hatte, eine ausgezeichnete Erziehung und auch sonst alles, was eine Frau braucht, um in diesem Beruf zu Erfolg zu gelangen. Als wir aßen, sagte mein Freund zu mir auf italienisch, ich sei ihm bei der Saint-Hilaire um eine Sekunde zuvorgekommen, und er werde in fünf oder sechs Tagen wiederkommen und sich schadlos halten.
Am nächsten Morgen versicherte er mir, er habe die ganze Nacht geschlafen. Nun, ich hielt es in dieser Nacht anders. Die Saint-Hilaire war sehr zufrieden mit mir und brüstete sich damit auch vor ihren Kameradinnen.

Obwohl Casanova in Paris mit der jungen Baletti eine – wie es schien – unzertrennliche Freundschaft pflegte, war es nicht ungewöhnlich für ihn, daß er sich Abwechslung in einem derartigen Hause verschaffte. Er wurde Stammgast bei Saint-Hilaire und bei dem Koch der Madame Pâris, mit dem er Freundschaft schloß – allein deswegen, wie er versicherte, um in den Besitz des Rezeptes des »Ragoût der Glückseligen« zu gelangen, das einer Liebesnacht nahezu gleichkäme.

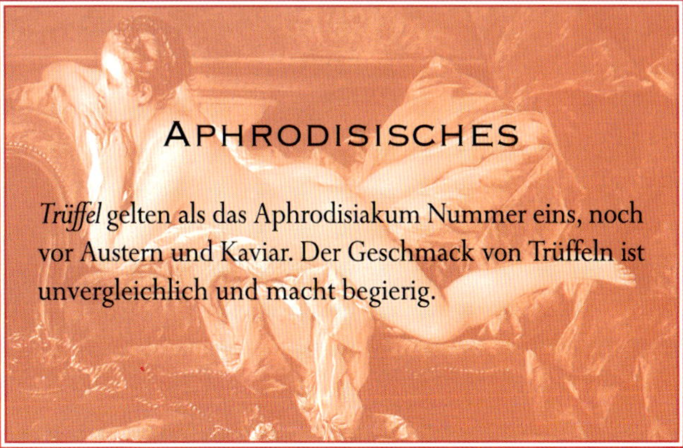

Aphrodisisches

Trüffel gelten als das Aphrodisiakum Nummer eins, noch vor Austern und Kaviar. Der Geschmack von Trüffeln ist unvergleichlich und macht begierig.

KAROTTENCREMESUPPE

750 g junge Karotten · 1 Zwiebel · 3 EL Butter · 1 EL Zucker
3/4 l Hühnerbrühe · Salz · schwarzer Pfeffer
200 g Sahne · geröstete Weißbrotcroûtons

Die Karotten putzen, schälen, waschen und in Scheiben schneiden. Die Zwiebel abziehen und fein hacken. 2 Eßlöffel Butter in einem Topf erhitzen. Die Zwiebel darin glasig werden lassen, dann die Karotten hinzufügen und bei milder Hitze zugedeckt in etwa 20 Minuten weich dünsten.

Die restliche Butter in einer Pfanne zusammen mit dem Zucker erhitzen. Die Mischung gut verrühren, bis der Zucker vollständig geschmolzen ist. Dann zu den Karotten geben.

Die Karotten mit dem Pürierstab oder in der Küchenmaschine pürieren. Wieder in den Topf geben, mit Hühnerbrühe auffüllen und mit Salz und Pfeffer abschmecken.

Die Suppe nochmals erhitzen und etwas einkochen lassen. Die Sahne halbsteif schlagen und unterziehen. Die Suppe in Teller füllen und mit Weißbrotcroûtons bestreuen.

Forelle blau

6 fangfrische, küchenfertige Forellen · Salz · 150 ml milder Weinessig
zerlassene Butter

Die Forellen unter fließendem Wasser innen und außen waschen. Einen Topf mit etwa 3 Litern Wasser aufstellen, leicht salzen und den Weinessig zugeben.

Sobald das Wasser kocht, die Forellen in den Topf geben und das Ganze einmal aufkochen lassen. Bei milder Hitze etwa 10 Minuten ziehen lassen. Durch den Essig färben sich die Forellen blau, daher der Name des Gerichtes.

Die Forellen herausnehmen, gut abtropfen lassen und auf einer vorgewärmten Platte oder auf Tellern arrangieren.

Mit zerlassener Butter beträufeln und zusammen mit frischem Weißbrot oder Petersilienkartoffeln servieren.

Ragoût der Glückseligen

150 g Kalbbries · 100 g Kalbsnierchen · 150 g Hähnchenbrust · 150 g Hühnerleber
150 g Champignons · 100 g schwarze Trüffel · Salz · Pfeffer aus der Mühle · 4 EL Butter
100 ml Hühnerbrühe · 100 ml Madeira · 6 Blätterteigpasteten (Fertigprodukt, in Bäckereien erhältlich)
125 g Sahne · 2 EL eiskalte Butter · Zitronenachtel und Petersiliensträußchen zum Garnieren

Das Kalbsbries einige Stunden in kaltem Wasser wässern, dabei mehrmals das Wasser wechseln. Dann in kaltes Salzwasser legen, das Ganze erhitzen und das Bries bei milder Hitze etwa 5 Minuten garen. Herausnehmen, in kaltem Wasser abkühlen lassen, alle Haut- und Sehnenteile entfernen und das Bries in kleine Stücke zupfen.

Die Kalbsnierchen waschen, entsehnen und in Würfel schneiden. Das Hähnchenfleisch ebenfalls würfeln. Die Hühnerleber waschen, trockentupfen und kleinschneiden. Die Champignons putzen und blättrig schneiden. Die Trüffel in feine Scheiben schneiden oder mit einem Trüffelhobel fein hobeln.

Kalbsbries, Kalbsnierchen und Hähnchenfleisch mit Salz und Pfeffer würzen und in 2 Eßlöffeln Butter anbraten, mit einem Drittel der Hühnerbrühe ablöschen und bei milder Hitze garen. Die Champignons dazugeben und mitdünsten. Die Hühnerleber separat in der restlichen Butter anbraten, mit Madeira ablöschen und langsam gar ziehen lassen.

Den Backofen auf 180 °C vorheizen. Die Blätterteigpasteten im Ofen etwa 10 Minuten erhitzen. Die restliche Hühnerbrühe in einem großen Topf erhitzen und etwas einkochen lassen. Die Sahne mit einem Schneebesen unterziehen, die Sauce weiterköcheln lassen, dann mit Salz und Pfeffer abschmecken. Die kalte Butter in Stückchen unterarbeiten, bis die Sauce bindet. Alle Fleischsorten, Champignons sowie Trüffel in die Sauce geben und darin noch etwas dünsten. Abschließend nochmals mit Salz und Pfeffer würzen.

Die Blätterteigpasteten auf Teller setzen und jeweils großzügig mit Ragoût füllen. Mit Zitronenachteln und Petersiliensträußchen garnieren.

SCHOKOLADENGELEE

8 Blatt weiße Gelatine · 125 g Zartbitterschokolade · 500 ml Milch · 130 g feiner Zucker
250 g Sahne

Die Gelatine in kaltem Wasser einweichen. Die Schokolade in sehr kleine Stücke brechen. Die Milch in einem Topf erhitzen und aufkochen lassen. Unter ständigem Rühren die Schokolade und den Zucker unterziehen.

So lange rühren, bis sich Schokolade und Zucker vollständig aufgelöst haben. Den Topf vom Herd nehmen. Die Gelatine sorgfältig ausdrücken, in etwas heißer Schokoladenmilch auflösen, dann die Mischung unter die Schokoladenmilch mischen. Das Ganze nochmals gut verrühren, anschließend in 6 kleine oder 4 große, kalt ausgespülte Schälchen füllen. Das Schokoladengelee im Kühlschrank in etwa 4 Stunden schön fest werden lassen.

Die Sahne steif schlagen. Die Schälchen kurz in heißes Wasser tauchen und dann das Gelee jeweils auf Dessertteller stürzen. Die Sahne in einen Spritzbeutel mit Sterntülle füllen und jede Portion mit Sahnerosetten verzieren.

TROSTMAHL FÜR EINE BETROGENE

Mehrfach hat Casanova gezeigt, daß er nicht nur der zügellose, egoistische Frauenheld war, sondern auch ein galanter, hilfsbereiter Mann, der manche Damen bis hin zur Selbstaufopferung unterstützte.

Als Beweis dafür soll eine kleine Geschichte dienen, die uns Casanova überlieferte, nachdem er 1759 mit seiner Seidenfabrik Konkurs machte und sich in einem Hotel einquartieren mußte. Dort lernte er als Hotelgäste einen jungen Mann aus Padua mit seiner äußerst attraktiven sechzehnjährigen Schwester Antoinette-Louise de Vesian kennen, deren Vater, ein französischer Offizier, kurz zuvor gestorben war. Die beiden wollten vom französischen Kriegsministerium Unterstützung beantragen, es vergingen jedoch Tage, ohne daß ihr Anliegen berücksichtigt wurde. Die jungen Leute waren verzweifelt und Casanova sah sich veranlaßt, gute Ratschläge zu erteilen und sie mit Geld zu unterstützen.

Eines Tages war Antoinette-Louise verschwunden. Der Bruder teilte Casanova mit, daß ein gewisser Graf von Narbonne um die Hand seiner Schwester angehalten habe.
Tage später kam sie jedoch völlig verstört in das Hotel zurück: Narbonne hatte ihr eine zukünftige Heirat vorgetäuscht, um sie zu mißbrauchen. Für Casanova schien es eine Selbstverständlichkeit, Antoinette-Louise Trost und weitere Hilfe anzubieten. Er schreibt:

Während der ganzen Zeit dieses Zwiegespräches, durch das ich wahrhaft Balsam in ihr Gemüt träufelte, versagte ich mir ohne große Mühe, sie bei der Hand zu nehmen oder ihr Beweise meiner Zärtlichkeiten zu geben, denn in Wahrheit bewegte mich kein anderes Gefühl als Mitleid. Ich empfand große Freude, als ich nach zwei Stunden sah, daß sie entschloßen und willens war, Ihr Unglück heldenhaft zu tragen.

Er lud sie, ihren Bruder und seinen Freund Baletti zu einem »Trostmahl für eine Betrogene« nach Groß-Cailou ein.

Es gelang mir, das Mädchen in heitere Stimmung zu versetzen und so unsere kunterbunte Mahlzeit (Rezepte s. folgende Seiten) *zu würzen … Wir genossen dort ein vortreffliches, improvisiertes Dinner, bei dem die Heiterkeit die mangelhafte Bedienung zu ersetzen verstand …*

Während des Tischgespräches fragte Casanova die Vesian, ob sie nicht den Beruf einer Tänzerin ausüben möge. Sie wollte, aber woher sollte sie das Geld für den Tanzunterricht nehmen?

Das Trostmahl

nachgekocht von Jochen Traub,
»Hotel Palatin«, Wiesloch

Selleriecremesuppe · Matelote
Rindfleisch à la mode
Täubchen in der Pfanne
Rumeistörtchen

Baletti fand sich sogleich bereit, für die Ausbildung Sorge zu tragen. Nach dem Essen brachte Casanova seine Gäste wieder nach Paris zurück. Er war glücklich, der jungen Frau uneigennützig geholfen zu haben. Aber wie der Zufall es wollte, fand er an jenem Abend die Zimmertür von Mademoiselle offen. Er wäre nicht Casanova gewesen, wäre er nicht eingetreten. Er begann ein philosophisches Gespräch:

»Es freut mich, sie auf dem Wege zu sehen, Philosophin zu werden.«
»Wie fängt man das an?«
»Man denkt.«
»Muß man lange denken?«
»Sein ganzes Leben lang.«
»Man kommt also nie zu einem Ziel?«
»Niemals; aber man gewinnt dabei, was man vermag und verschafft sich die ganze Summe des Glückes, dessen man fähig ist.«
»Und wie macht dieses Glück sich fühlbar?«
»Es macht sich fühlbar in der Lust, der sich ein Philosoph mit vollem Bewußtsein hingibt und in der Unabhängigkeit gegenüber all jenen Vorurteilen, welche die Mehrzahl der Menschen zu einem Haufen großer Kinder machen.«
»Was ist Lust und was versteht man unter Vorurteilen?«
»Die Lust ist der Genuß der Sinne, die vollständige Befriedigung, die man ihnen bei allem gewährt, was sie beanspruchen. Philosoph aber ist der, welcher sich keine Lust versagt, die keine größeren Leiden verursacht und die er sich selbst zu gewähren imstande ist.«
»Und sie sagen, das geschieht, indem man sich der Vorurteile entledigt? So sagen sie mir denn, was die Vorurteile sind und wie man dahin gelangt, sie abzulegen.«
»Sie richten da an mich eine Frage, meine Liebe, auf die man nicht leicht antworten kann, denn Moralphilosophie kennt keine größere Frage, das heißt keine, die schwieriger zu lösen wäre. Diese Lehre dauert auch das ganze Leben hindurch.«

Beide entdeckten schließlich, daß ihre Seelen nur glücklich sein können, »*... wenn sie sich in Übereinstimmung mit unseren Sinnen befinden ... Was hindert uns, ein so natürliches Verlangen zu befriedigen? So umarmen wir uns denn!*«

Aphrodisisches

In diesem Menü könnte so einiges die Liebeslust beflügeln ...
Allein schon die Meeresfrüchte – Jakobsmuscheln, Krebsschwänze, verschiedene Fischfilets – regen die Drüsen an und sind voll (liebes)kraftspendendem mineralstoffreichem Eiweiß.

SELLERIECREMESUPPE

500 g Knollensellerie · 80 g Zwiebeln · 50 g Butter · 50 g Mehl · 700 ml Rinderbrühe
500 g Sahne · Salz · Pfeffer aus der Mühle · 4 Jakobsmuscheln · 1 EL Butter zum Anbraten
Petersilienblätter zum Garnieren

Den Sellerie und die Zwiebeln schälen, dann in kleine Würfel schneiden. Die Butter in einem Topf langsam erhitzen. Sellerie- und Zwiebelwürfel in der heißen Butter anschwitzen. Das Ganze mit dem Mehl bestäuben und dieses auch noch etwas angehen lassen.

Die Rinderbrühe angießen und dabei ständig mit einem Kochlöffel rühren. Einen Deckel auflegen und die Suppe bei mittlerer Hitze etwa 10 Minuten köcheln lassen, bis der Sellerie weich ist. Das Ganze pürieren, dann die Sahne unterziehen. Die Suppe mit Salz und Pfeffer abschmecken. Warm stellen.

Das Fleisch der Jakobsmuscheln herauslösen und in Butter anbraten. Das Muschelfleisch salzen und dann in 4 Suppenteller jeweils 1 Muschel legen. Die Suppe mit einem Mixer kräftig aufschäumen, dann jeweils über die Jakobsmuscheln gießen. Mit Petersilienblättern garnieren.

MATELOTE

8 kleine Champignons · 4 Frühlingszwiebeln · 200 g Brokkoli · 1 Schalotte · 100 g Butter
200 ml Fischfond (Fertigprodukt aus dem Glas) · 300 ml trockener Weißwein
je 6 küchenfertige Filets von St. Petersfisch, Rotzunge und Seebarben
Salz · Pfeffer aus der Mühle · 8 ausgelöste Krebsschwänze · 300 g Sahne

Die Champignons putzen und vierteln. Die Frühlingszwiebeln putzen, waschen und schräg in Stücke schneiden. Den Brokkoli putzen, waschen und in Röschen teilen. Beides in kochendem Wasser etwa 2 Minuten blanchieren. Dann herausnehmen, abtropfen lassen und für die Garnitur beiseite legen.

Die Schalotte abziehen, in Würfel schneiden und in einem großen Topf in 2 Eßlöffeln Butter glasig anschwitzen. Die Champignons zufügen und andünsten. Den Fischfond und den Weißwein zur Schalotte geben. Die Fischfilets salzen, pfeffern und dann in die Flüssigkeit hineinlegen. Den Fisch sachte ziehen lassen. Kurz bevor die Filets gar sind, die Krebsschwänze dazulegen. Wenn die Filets gar sind, sie zusammen mit den Krebsschwänzen herausnehmen und kurz heiß stellen.

Den Fischfond und den Weißwein noch etwas einkochen lassen. Die Sahne dazugeben und nochmals einkochen lassen, dann mit Salz und Pfeffer abschmecken. Zum Schluß die restliche Butter in Würfel geschnitten langsam mit einem Schneebesen in die Sauce einrühren. Kurz aufkochen lassen.

Die Fischfilets auf einer vorgewärmten Platte anrichten und mit der Sauce übergießen. Mit Frühlingszwiebeln, Brokkoliröschen sowie mit den Krebsschwänzen garnieren.

RINDFLEISCH À LA MODE

½ Bund Basilikum · ½ Bund Petersilie · 800 g Rinderfilet · 1 Prise gemahlene Nelken
750 ml trockener Rotwein (z. B. Bordeaux) · 200 g Petersilienwurzel · 200 g Karotten
200 g Zucchini · 500 g festkochende Kartoffeln · 50 g Butter · 2 EL Öl
500 ml Kalbsfond (Fertigprodukt aus dem Glas) · 3 TL Honig
2 TL gehackte Thymianblättchen · 100 ml Cognac

Am Vortag Basilikum und Petersilie waschen, trockenschütteln, die Blätter von den Stielen zupfen und fein hacken. Das Rinderfilet rundherum mit Basilikum, gemahlener Nelke und der Petersilie bestreuen und fest in Klarsichtfolie einpacken. Für 6 Stunden im Kühlschrank ziehen lassen.

Dann das Rinderfilet wieder auspacken und Kräuter sowie Nelkengewürz wieder abreiben. Das Rinderfilet dann in den Rotwein einlegen und etwa 12 Stunden im Kühlschrank ruhen lassen.

Den Backofen auf 200 °C vorheizen. Die Petersilienwurzel schälen und fein stifteln. Karotten und Zucchini schälen bzw. putzen, waschen und in dekorative Stücke schneiden. Die Kartoffeln ebenfalls schälen und mit einem Pariser Ausstecher Kugeln ausstechen. Petersilienwurzel, Karotten sowie Zucchini in etwas Butter anschwitzen, einen Schuß Wasser angießen und das Gemüse darin zugedeckt bei milder Hitze garen. Anschließend warm halten. Die Kartoffelnkugeln in Wasser kochen. Wenn sie gar sind, herausnehmen, abtropfen lassen und in etwas Butter anbraten. Warm stellen.

Das marinierte Rinderfilet gut abtropfen lassen. Das Öl in einer Kasserolle stark erhitzen und das Filet darin von allen Seiten scharf anbraten. Die Kasserolle in den Ofen schieben und das Filet in 12 bis 15 Minuten fertig garen.

Eine Rouladennadel bis zur Mitte des Fleisches hineinstecken und dann die Spitze der Nadel unter die Unterlippe halten. Wenn die Temperatur der Nadelspitze etwas mehr als Körpertemperatur hat, ist das Fleisch gar.

Den Kalbsfond erhitzen, aufkochen und reduzieren lassen. Honig und Thymian dazugeben, dann mit Cognac verfeinern. Das Rinderfilet in Scheiben schneiden und auf dem Petersilienwurzelgemüse anrichten. Mit der Sauce übergießen. Kartoffeln, Karotten und Zucchini um das Fleisch herum verteilen.

Täubchen in der Pfanne

4 Zweige Rosmarin · 3 mittelgroße küchenfertige Tauben · Salz · Pfeffer aus der Mühle
500 g Schweinenetz · 4 EL Butter · 100 g Wildreis · 200 g Wirsing · 2 Eier
2 EL Butterschmalz · 3 Tomaten · 400 ml Geflügelfond · 100 ml roter Vermouth

Den Rosmarin waschen und trockenschütteln. Das Fleisch der Tauben jeweils so von den Knochen lösen, daß immer Keule und Brust zusammen bleiben. Die Flügelknochen dann vorsichtig herauslösen. Jedes Stück auf der Innenseite mit einem kleinen Rosmarinzweig belegen, mit Salz und Pfeffer würzen und in Schweinenetz einschlagen. Mit Küchengarn binden.

3 Eßlöffel Butter in einer Pfanne erhitzen und die Taubenstücke darin von allen Seiten anbraten. Dann die Hitze reduzieren und das Fleisch zugedeckt in etwa 40 Minuten weich garen.

Inzwischen den Wildreis mit kochend heißem Wasser überbrühen und abtropfen lassen. In einem Topf Salzwasser zum Kochen bringen. Den Reis zufügen, dann den Topf sofort vom Herd nehmen und den Reis zugedeckt etwa 20 Minuten ziehen lassen, bis er gar ist. Den Wirsing putzen, waschen und in feine Streifen schneiden. Die Eier in einer Schüssel verquirlen und den Wildreis dazugeben. Das Ganze mit Salz und Pfeffer abschmecken. Aus der Masse kleine Taler formen und diese dann im Butterschmalz portionsweise knusprig ausbacken.

Den Wirsing in der restlichen Butter anschwitzen, dann etwas Wasser angießen und den Wirsing bei mittlerer Hitze bißfest garen. Die Tomaten über Kreuz einschneiden, kochend heiß überbrühen, von den Stielansätzen befreien, enthäuten, vierteln und das Fruchtfleisch fein würfeln. Den Geflügelfond erhitzen und auf ein Viertel einkochen lassen. Dann mit Vermouth verfeinern. Alles zusammen auf einer vorgewärmten Platte anrichten, die Taubenstücke vorher vom Schweinenetz befreien. Die Vermouthsauce über das Fleisch gießen.

RUMEISTÖRTCHEN

Für das Eis:

50 g Rosinen · 4 EL brauner Rum · 250 ml Milch · 125 g Sahne
ausgekratztes Mark von 1/2 Vanilleschote · 3 frische Eigelb · 100 g feiner Zucker

Für den Biskuit:

Butter für die Form · 3 frische Eigelb · 90 g Zucker · 3 Eiweiß · 4 EL Mehl
3 EL Speisestärke · 3 EL Kakaopulver

Für die Vanillesauce:

500 ml Milch · ausgekratztes Mark von 1/2 Vanilleschote · 6 Eigelb · 100 g Zucker

Für die Brombeersauce:

100 g feiner Zucker · 80 ml kaltes Wasser · 1 EL Glukosesirup · 350 g Brombeeren
50 ml Kirschwasser · Saft von 1/2 Zitrone

Außerdem:

Puderzucker zum Bestäuben

Die Rosinen im Rum einlegen. Milch, Sahne und Vanilleschotenmark erhitzen. Die Eigelbe zusammen mit dem Zucker cremig schlagen, die heiße Milch unter ständigem Rühren nach und nach unterrühren. Die Masse im heißen Wasserbad so lange mit einem Schneebesen aufschlagen, bis sie bindet, dabei keinesfalls kochen lassen. Das Ganze durch ein feines Sieb gießen und auf Eiswasser abkühlen lassen. Dabei ab und zu umrühren. Die eingelegten Rosinen dazugeben und die Masse in einer Eismaschine oder im Tiefkühlgerät unter ständigem Rühren in 2 bis 3 Stunden gefrieren lassen.

Für den Biskuit den Backofen auf 180 C° vorheizen. Eine Springform (24 cm Durchmesser) nur am Boden fetten. Die Eigelbe zusammen mit der Hälfte des Zuckers schaumig schlagen. So lange schlagen, bis die Masse weiß zu werden beginnt. Die Eiweiße halbsteif schlagen, dann unter ständigem Rühren den restlichen Zucker einrieseln lassen. Den Eischnee auf die Eigelbmasse geben. Mehl, Stärke und Kakao dazusieben.

Das Ganze mit einem Schneebesen vorsichtig vermengen, bis kein Mehl und kein Eischnee mehr sichtbar sind. Dabei nicht rühren, sondern den Schneebesen von unten nach oben durch die Masse heben. Die Masse in die Springform füllen und für 20 bis 25 Minuten in den Backofen schieben. Während der ersten 15 Minuten auf keinen Fall die Backofentüre öffnen. Den Biskuit herausnehmen, den Ring der Form entfernen, den Teig abkühlen lassen und dann stürzen. Aus dem Biskuit Kreise (ca. 6 cm Durchmesser) ausstechen.

Für die Vanillesauce Milch und Vanilleschotenmark erhitzen. Die Eigelbe zusammen mit dem Zucker cremig schlagen, die heiße Milch unter ständigem Rühren nach und nach unterrühren. Die Masse im heißen Wasserbad so lange mit einem Schneebesen aufschlagen, bis sie bindet, dabei keinesfalls kochen lassen. Das Ganze durch ein feines Sieb gießen und auf Eiswasser abkühlen lassen. Dabei ab und zu umrühren.

Für die Brombeersauce Zucker, Wasser und Glukosesirup bei schwacher Hitze aufkochen, dabei ständig rühren. Das Ganze etwa 3 Minuten kochen lassen, dann durch ein feines Sieb abgießen. Kurz abkühlen lassen, dann zusammen mit den Brombeeren, dem Kirschwasser und dem Zitronensaft pürieren. Das Püree durch ein feines Sieb streichen.

Die Biskuitkreise auf Teller setzen, jeweils eine große Kugel Rumeis daraufgeben. Jede Portion mit etwas Brombeer- und Vanillesauce umgießen. Das Eis mit Puderzucker bestäuben.

GALANTES GABEL-FRÜHSTÜCK IN BRÜHL

Von Holland kommend, traf Casanova 1760 während der Karnevalszeit in Köln ein. Gleich am ersten Tag lernte er bei einem Theaterbesuch die Gattin des Kölner Bürgermeisters, Marie van Groote kennen, die ihn begeisterte. Die Sympathie beruhte auf Gegenseitigkeit, denn durch ihre Initiative besuchte Casanova einige Maskenbälle, bei denen sie sich ihrer Zuneigung versicherten. Casanova, der nur wenige Tage in Köln, der Stadt mit den *»heroisch-komischen Sehenswürdigkeiten«* bleiben wollte, verlängerte seinen Aufenthalt um ganze zweieinhalb Monate. Er war Gast eines privaten Kostümballs des Kurfürsten Clemens August in Bonn, als seine Angebetete ihm nahelegte, für alle Teilnehmer am nächsten Tag gegen Mittag ein Frühstück auf dem Lustschloß des Kurfürsten im nahen Brühl zu geben.

Casanova arrangierte dies im Handumdrehen. Ihm wurde empfohlen, seine Gäste so zu bewirten, wie das zwei Jahre zuvor der Herzog von Zweibrücken in Brühl getan habe.

»Sagen sie mir nur, wieviel sie ausgeben wollen«, fragte mich Graf Verita.
»Soviel wie möglich.«
»Sie meinen so wenig wie möglich.«
»Durchaus nicht. Soviel wie möglich, denn ich will meine Leute fürstlich bewirten … Zwei-, dreihundert Dukaten, genügt das?«
»Zweihundert. Der Herzog von Zweibrücken hat auch nicht mehr ausgegeben.«

Unausgeschlafen, aber unternehmungslustig wie eh und je, fuhr Casanova nach Brühl. Da sich zur damaligen Zeit jedoch drei Schlösser und ein Schlößchen in Brühl befanden, weiß man heute nicht, wo genau das luxuriöse Gabelfrühstück stattfand. Ein Teil der Historiker glaubt, daß Casanova im »Indianischen Haus« feierte, die anderen behaupten, daß das galante Fest nur im heute noch existierenden »Schloß Falkenlust« stattgefunden haben könne. Wie dem auch sei, in einem dieser Gebäude wurde festlich getafelt.

Um ein Uhr sollte gefrühstückt werden. Um Mittag war ich bereits in Brühl … In einem schönen Saale fand ich eine Tafel mit vierundzwanzig Gedecken: vergoldetes Silbergeschirr, Damastwäsche, prachtvolles Porzellan … An einem Ende des Saales standen zwei andere Tische, die mit Zuckerwerk und den besten europäischen und ausländischen Weinen bedeckt waren. Ich stellte mich … vor, und der Küchenmeister versicherte mir, ich sollte zufrieden sein.
Zum Frühstück (s. Rezepte folgende Seiten) *erklärte er mir: … von den kalten Platten gebe es nur vierundzwanzig, dazu aber noch vierundzwanzig Platten englischer Austern und einen prächtigen Nachtisch …*

Ich empfing meine Gäste an der Tür ... Um Schlag ein Uhr wurde angerichtet. Mit Entzücken genoß ich die leichte Verwunderung, die sich in den Augen meiner Dame spiegelte, als sie sah, daß ich sie nicht weniger großartig bewirtete als ein Reichsfürst. Sie war sich wohl bewußt, daß jedermann sie für die unmittelbare Ursache dieser ganzen Ausgabe hielt, aber auch entzückt, daß ich ihr vor den anderen nicht den Vorzug gab ... Als galanter Kavalier wollte ich mich nicht setzen, sondern bediente die Damen der Reihe nach und aß im Stehen die Leckerbissen, die sie mir um die Wette zusteckten, während ich acht gab, daß niemand zu kurz kam. Die Austern waren erst bei der zwanzigsten Flasche Champagner zu Ende, so daß alles bereits durcheinander redete, als das eigentliche Frühstück begann.
Dies Frühstück hätte für ein erlesenes Diner gelten können und zu meiner großen Freude sah ich, daß kein Tropfen Wasser getrunken wurde, denn Champagner, Tokaier, Rheinwein, Madeira, Malaga, die Weine von Zypern, Alikante und vom Kap duldeten kein Wasser, und andere wurden nicht gereicht.
Vor dem Nachtisch ward eine riesige Trüffelpastete aufgetragen. Ich riet, Maraschino dazu zu trinken. Der schmeckte den Damen so gut, daß sie ihn wie Wasser tranken. Der Nachtisch war wirklich prunkvoll. Man sah hier die Portraits aller europäischen Fürsten. Der Küchenchef wurde mit Komplimenten überhäuft, und da er in seiner geschmeichelten Eigenliebe auch etwas Freundliches sagen wollte, erklärte er, das alles vertrüge in die Taschen gesteckt zu werden. So nahm sich denn jeder nach Belieben davon mit ...

Die Zuneigung der Bürgermeistersgattin wurde immer größer, und er war sicher, daß er sie eines Tages erobern würde:

... Unter diesen Umständen beschloß ich Köln nicht zu verlassen, bevor ich mit diesem wahrhaft göttlichen Weibe den Becher der Wonne geleert hatte ...

Aber Marie van Groote hatte bereits zwei Männer zu bedienen, ihren Mann und ihren Geliebten, General Kettler. Doch Madame wußte Rat. Sie zeigte Casanova eines ihrer Häuser, in dem sie vier bis fünf Tage im Monat getrennt von ihrem Mann schlief. Es grenzte an eine Kapelle, von der eine Geheimtreppe zu ihrer Wohnung führte (Diese Kapelle, »Elendskirche« genannt, existiert heute noch).

Der Teufel hat bekanntlich in der Kirche mehr Macht als anderswo. Er flößte mir den Gedanken ein, durch dieses Pförtchen in den Besitz meiner Schönen zu kommen. Am nächsten Tag im Theater teilte ich ihr meinen Plan mit.
»Ich habe auch schon daran gedacht«, lachte sie, »und ich werde ihnen die nötigen Anweisungen schriftlich geben ...«

GALANTES GABELFRÜHSTÜCK

nachgekocht von Winfried Peters, Romantik Hotel »Haus Elmer«, Hamminkeln-Marienthal

Frische Austern
Verschiedene Canapés · Trüffelpastete
Biskuittorte à la Burgfrau

Nach den Anweisungen sollte sich Casanova in der Kirche verstecken und warten *»bis die Luft rein war«*. Das erste Mal mußte er sechs Stunden auf »sieben Stunden Wollust « warten. Das zweite Mal fand er, um die Wartezeit zu verkürzen, auf der Treppe eine kleine Mahlzeit, *»leckere Speisen, feinen Wein, einen Kocher mit Spiritus, Kaffee, Zitronen, Zucker und Rum, um mir einen Punsch zu bereiten ... sowie Bücher ... nach zehn Stunden kam mein Engel, mich zu wecken. Diese zweite Nacht war süß, aber lange nicht so, wie die erste, denn wir konnten einander* (in der Dunkelheit) *nicht sehen und mußten uns wegen der lästigen Nachbarschaft des lieben Gatten vorsehen ...«*

Nach zweimaligem Zusammensein innerhalb von zweieinhalb Monaten verließ Casanova Köln. *»Ich versprach wieder zu kommen ... ein Versprechen, das ich nicht halten konnte ...«*

APHRODISISCHES

Hier gibt es Austern und Champagner – aber auch *Mandeln* sind nicht so harmlos, wie sie scheinen. Überall auf der Erde, wo Erotik einen hohen Stellenwert einnimmt, werden sie angebaut, z.B. im Orient, in Asien, in Italien und in Spanien. Die edle Nuß ist reich an Mineralstoffen und Eiweiß und galt schon in der Antike als libidofördernd.

FRISCHE AUSTERN

48 frische Austern

Zitronenscheiben und Dillzweige zum Garnieren

Die Austern unter fließendem Wasser gut abbürsten. Dann jeweils mit der gewölbten Seite nach unten fest in die Hand nehmen (am besten vorher auf ein Küchentuch legen, damit man sich an den scharfen Kanten nicht verletzt). Mit einem Austernmesser jeweils am Scharnier einstechen und dieses durchtrennen. Dann mit dem Messer rundherum fahren und die obere Schale abheben. Dabei darauf achten, daß vom Austernwasser nichts verlorengeht.

Eine große Platte mit Eiswürfeln belegen. Die Austern auf die Eiswürfel setzen. Die Platte mit Zitronenscheiben und Dillzweigen garnieren. Sofort servieren.

VERSCHIEDENE CANAPÉS

Für die Kaviar- Canapés:

3 Scheiben Weißbrot · 125 g weiche Butter · 3 EL schwarzer Kaviar · 1 frisches Eigelb
1/2 TL Zitronensaft · Salz · Pfeffer aus der Mühle · 6 Scheiben Gurke

Für die Räucherlachs-Canapés:

125 g weiche Butter · 2 EL Zitronensaft · 1 TL abgeriebene Schale einer unbehandelten Zitrone
Salz · 1 Prise Cayennepfeffer · 6 Pumpernickeltaler · 300 g Räucherlachs · Dillzweige
1 EL frisch geriebener Meerrettich · 3 gelbe Cocktailtomaten

Für die Thunfisch-Canapés:

2 frische Eigelb · 1 EL Zitronensaft · 200–250 ml Olivenöl · 150 g Thunfisch aus der Dose
Salz · Pfeffer aus der Mühle · 1 EL Kapern · 6 Roggenbaguettescheiben
blanchierte grüne Spargelstreifen zum Garnieren

Für die Lachskaviar-Canapés:

6 Knäcketaler · 3 EL Crème fraîche · 6 Röschen Feldsalat · 6 EL Lachskaviar

Für die Kaviar-Canapés aus den Weißbrotscheiben 6 Taler ausstechen oder -schneiden. Die Butter mit drei Viertel des Kaviars, dem Eigelb und dem Zitronensaft gründlich vermengen. Die Masse mit Salz und Pfeffer würzen. Die Weißbrottaler mit der Masse bestreichen, jeweils 1 Gurkenscheibe auflegen und den restlichen Kaviar auf den Canapés verteilen.

Für die Räucherlachs-Canapés eine Zitronenbutter herstellen. Hierfür die Butter schaumig rühren. Zitronensaft und -schale, Salz sowie Cayennepfeffer daruntermischen. Die Pumpernickeltaler mit der Zitronenbutter bestreichen. Jeweils etwa 50 g Lachs auflegen. Die Canapés mit Dill, Meerrettich und Cocktailtomatenhälften garnieren.

Für die Thunfisch-Canapés die Eigelbe und den Zitronensaft im Mixer aufschlagen. Das Öl in dünnem Strahl nach und nach unter ständigem Rühren dazugeben, bis die Mayonnaise bindet.

Den Thunfisch abtropfen lassen, pürieren und unter die Mayonnaise ziehen. Mit Salz und Pfeffer abschmecken, die Kapern daruntermischen. Die Roggenbaguettescheiben damit bestreichen. Mit grünen Spargelstreifen verzieren.

Für die Lachskaviar-Canapés die Knäcketaler jeweils mit Crème fraîche bestreichen. Je 1 Röschen Feldsalat und 1 Eßlöffel Lachskaviar daraufgeben.
(auf dem Foto Seite 59)

TRÜFFELPASTETE

Für den Pastetenteig:

500 g Mehl · 160 g Butter · 80 g Schmalz · 2 TL Salz · 2 Eigelb · 80 ml eiskaltes Wasser

Für die Füllung:

1 kg Kalbfleisch aus der Schulter · 400 g Sahne · 100 g gewürfelte schwarze Trüffeln
80 g gehackte Pistazien · 4 EL Cognac · Salz · Pfeffer aus der Mühle · Butter für die Form
Mehl zum Ausrollen · 1 Taubenbrüstchen, angebraten und mit Speck umwickelt
1 verquirltes Eigelb · 4 Blatt weiße Gelatine · 1 l Kalbsfond · 250 ml weißer Portwein

Außerdem:

Früchte der Saison zum Garnieren

Die Zutaten für den Pastetenteig zu einem glatten Teig verarbeiten. Den Teig zur Kugel formen, in Alufolie wickeln und im Kühlschrank etwa 6 Stunden ruhen lassen. Das Kalbfleisch durch die feine Scheibe eines Fleischwolfs drehen. Sahne, Trüffel, Pistazien und Cognac zufügen. Das Ganze gründlich vermischen und mit Salz und Pfeffer würzen.

Eine Pastetenform dünn mit Butter ausstreichen. Den Teig auf einer bemehlten Arbeitsfläche zu einem Kreis ausrollen, der in der Mitte dicker als am Rand ist. Den Kreis zu einem Halbkreis zusammenlegen, den dickeren Teil in der Mitte ausrollen, so daß eine Teigtasche entsteht. Die Tasche vorsichtig mit den Händen öffnen, in die Form legen und den oberen Teil der Tasche über den Rand hängen lassen. Den Teig sorgfältig an Boden und Seiten der Form drücken, dabei darauf achten, daß keine Falten entstehen.

Den Backofen auf 160 °C vorheizen. Die Füllung etwa fingerdick auf dem Teig in der Form verstreichen. Das Taubenbrüstchen in die Mitte legen, mit der restlichen Fleischfarce auffüllen. Leicht festdrücken und mit dem überhängenden Pastetenteig abdecken. Ein dekoratives Muster in die Teigoberfläche ritzen und diese mit Eigelb bestreichen. 2 Löcher in den Teig stechen und 2 Schornsteine aus Alufolie hineinstecken. Die Pastete nun in den Ofen geben und 45 bis 50 Minuten backen. Anschließend abkühlen lassen.

Die Gelatine einweichen. Den Kalbsfond und den Portwein erhitzen, aufkochen, und dann auf etwa ein Viertel einkochen lassen. Die Gelatine ausdrücken und im Fond auflösen. Die Masse durch die Alufolie-Schornsteine gießen. Die Pastete kühl stellen, bis der Fond fest geworden ist. Die Pastete anschließend in Scheiben schneiden und mit Früchten der Saison garniert servieren.

Biskuittorte à la Burgfrau

Für den Mürbeteigboden:

50 g Mehl · 50 g Zucker · 50 g gemahlene Mandeln · 50 g kalte Butter · 1 Messerspitze Salz

Butter für die Form

Für den Biskuitteig:

4 frische Eiweiß · 1 Prise Salz · 8 frische Eigelb · 100 g Zucker · 80 g Mehl · 2 EL Speisestärke

2 EL Kakaopulver

Für die Füllung und die Verzierung:

1 kg Sahne · 500 g Preiselbeeren aus dem Glas · 80 g feiner Zucker · 150 g dunkle Kuvertüre

2 EL ungesalzene Pistazienhälften

Die Zutaten für den Boden zuerst mit einer Palette rasch durchhacken, dann zu einem glatten Teig verkneten. Den Teig zur Kugel formen, in Folie einschlagen und etwa 1 Stunde ruhen lassen.

Inzwischen den Biskuitteig zubereiten. Den Backofen auf 240 °C vorheizen. Die Eiweiße zusammen mit 1 Prise Salz steif schlagen. Die Eigelbe und 6 Eßlöffel kaltes Wasser schaumig schlagen. Unter ständigem Rühren den Zucker einrieseln lassen. Die Masse so lange rühren, bis sich der Zucker vollständig aufgelöst hat und eine nahezu weiße Creme entstanden ist. Den Eischnee auf die Creme geben. Mehl, Speisestärke und Kakaopulver darübersieben. Alles mit einem Schneebesen vorsichtig vermengen, bis kein Mehl mehr sichtbar ist. Dabei keinesfalls rühren, sondern den Schneebesen von unten nach oben durch die Masse ziehen.

Den Biskuitteig auf einem mit Backpapier belegtem Blech verstreichen, sofort in den Ofen geben und 8 bis 10 Minuten backen. Dann den Teig auf ein feuchtes Tuch stürzen, das Papier abziehen und die Teigplatte mit einem zweiten feuchten Tuch bedecken. Abkühlen lassen.

Eine Springform (26 cm Durchmesser) am Boden mit Butter fetten. Den Mürbeteig dünn ausrollen und den Boden der Form damit auskleiden. Den Boden mit einer Gabel mehrmals einstechen, dann im Ofen bei 220 °C 15 bis 20 Minuten backen. Den Boden in der Form abkühlen lassen.

Die Hälfte der Sahne steif schlagen. Die Preiselbeeren abtropfen lassen, dabei den Saft auffangen. Die Sahne mit den Preiselbeeren vermischen. Diese Masse auf dem Biskuit verstreichen. Das Ganze in etwa 3 cm breite Streifen schneiden. Einen der Streifen zu einem Röllchen formen und in die Mitte des Mürbeteigbodens in der Springform legen. Die restlichen Biskuitstreifen vorsichtig um das mittlere Röllchen legen, bis die ganze Form gefüllt ist. Den Kuchen dann für etwa 3 Stunden in den Kühlschrank stellen.

Vom aufgefangenen Preiselbeersaft 6 Eßlöffel abnehmen. Diese zusammen mit 3 Eßlöffeln Zucker erhitzen und bei milder Hitze etwas einkochen lassen, bis die Flüssigkeit eine spritzfähige Konsistenz hat. Abkühlen lassen.

Restliche Sahne zusammen mit restlichem Zucker steif schlagen. Die Torte aus der Form lösen, auf eine Platte legen und rundherum gleichmäßig mit der Sahne bestreichen. Die Kuvertüre im Wasserbad schmelzen und mit Hilfe eines Spritzbeutels die Torte mit Portraits verzieren. Die Preiselbeersaftmasse in ein Spritztütchen füllen und in die Mitte der Torte eine Spirale spritzen. Die Torte abschließend mit Pistazienhälften verzieren.

Augsburger Bacchanal

Im Jahre 1761 kam Casanova nach Augsburg. Als Beauftragter der portugiesischen Regierung sollte er am Friedensprozeß des Siebenjährigen Krieges teilnehmen. Die geplante Friedensversammlung wurde stets verschoben und fand letztlich niemals statt. Während der Monate seines Augsburger Aufenthaltes erkrankte Casanova an einer hartnäckigen Geschlechtskrankheit. Schließlich halfen ihm neunzig unbekannte Pillen, achtzehn Gramm Manna und Gerstensuppe (!) wieder auf die Beine.

Kaum war ich wieder hergestellt, so vergaß ich alle meine überstandenen Leiden und begann mich wieder zu unterhalten. Anna Midel, meine treffliche Köchin … mußte nun daran gehen, meinen Heißhunger zu befriedigen, denn drei Wochen lang plagte mich ein unersättlicher Hunger, der indes für meine Konstitution nötig war, um mich wieder ganz herzustellen. Mein Wirt und seine hübsche Tochter Gertrud, die ich bei mir essen ließ, blickten mich voller Staunen an und fürchteten schlimme Folgen von meiner Unmäßigkeit.

Er verliebte sich in die Wirtstochter und die Köchin, die er beide gleichzeitig zu befriedigen wußte. Schließlich wurde es ihm langweilig. Abwechslung brachte ihm dann eine italienische Schauspieltruppe, der er sich wohltätig, gewiß aber auch im eigenen Interesse widmete. Beim Besuch der ersten Vorstellung der Commedia dell' arte entdeckte Casanova seinen alten Schulkameraden Bassi, mit dem zusammen er das Kolleg S. Cipriano besucht hatte, und der – statt Priester – Schauspieldirektor geworden war.

Die Wiedersehensfreude war bei beiden groß. Bassi erhoffte sich durch Casanova Hilfe für seine heruntergekommene Commedia, und Casanova wollte seine hübsche dreizehn- bis vierzehnjährige Tochter sowie eine Straßburger Schauspielerin erobern. Casanova, der sich als Arzt ausgab, versorgte Bassi mit Geld und guten Ratschlägen und lud die Truppe in ein Gasthaus zum Abendessen ein.

Ich dehnte das Abendessen drei Stunden aus, indem ich reichlich Markgräfler Wein einschenken ließ, und zwar wegen einer jungen Schauspielerin …, die mich auf den ersten Blick so fesselte, daß ich den Wunsch faßte, sie zu besitzen.

Casanova war begeistert von ihrem *»elsässischen Italienisch, das sie mit reizenden und zugleich komischen Gebärden begleitete, die ihrem ganzen Wesen einen schwer zu beschreibenden Reiz gaben.«*
Da er jedoch sein Ziel nicht so schnell erreichte, wie er wünschte, gab Casanova von jetzt an jeden Tag ein Essen für fünf Per-

Augsburger Bacchanal

nachgekocht von Romeo Hofer,
»Alpenhotel Krone«, Pfronten

Getrüffeltes Carpaccio vom Ochsenmaul
Aufgeschmalzene Brotsuppe
Das Beste von unseren Fischen
Bayerische Hausente
Ausgezogene Nudeln auf Vanillesabayon

sonen, bei der die Straßburgerin dabei sein mußte, deren Freund jedoch der eifersüchtige Arlecchino der Truppe war:

Meine Liebkosungen mußten dem Liebhaber wohl recht eindeutig vorkommen, denn er entriß sie mir.
Da ich seine Unduldsamkeit zu grob fand, packte ich ihn an den Schultern und setzte ihn mit Fußtritten vor die Tür …
Am nächsten Tag suchte ich den Arlecchino in seiner kleinen Bude auf und machte ihn durch zwei Louisdors und das feierliche Versprechen, seine Liebe zu respektieren, windelweich.

Casanova aber gab nicht auf. Schon beim Abendessen (Rezepte s. folgende Seiten) wurden seine Wünsche erfüllt.

Als das Essen und der Wein mich in Stimmung gebracht hatten und ich mit der Straßburgerin wegen ihres Liebhabers nichts anfangen konnte, beschäftigte ich mich ganz mit der jungen Bassi, die auf alles einging, was ich wollte, während der dumme Arlecchino schnaubte, daß er es mit seiner Dulcinea nicht ebenso machen konnte. Gegen Ende der Mahlzeit, als ich ihm die Kleine in ihrem Naturzustand vorführte und mich selbst im Adamskostüm produzierte, stand der Tropf auf, um hinauszugehen und nahm die Straßburgerin am Arm um sie mitzuziehen. Da sagte ich mit sehr ernster und gebieterischer Miene, er solle verständig sein und dableiben …

Das Bacchanal wirkte ansteckend … Nur der bescheidene Arlecchino saß, den Kopf in die Hände gestützt, am Feuer und rührte sich nicht … Glücklich hierüber gab die ganz entflammte Straßburgerin der Natur nach, ließ mich alles tun, was ich wollte, und nahm am Rand des Tisches die Stelle der jungen Bassi ein, von der ich mich eben gelöst hatte; ich vollbrachte das Werk in aller Vollkommenheit, und ihre drängenden Bewegungen bewiesen mir, daß sie ebenso daran teilhatte, wie ich.

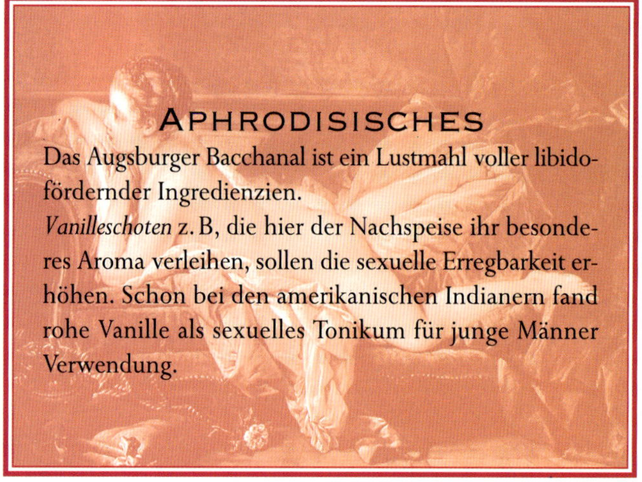

Aphrodisisches

Das Augsburger Bacchanal ist ein Lustmahl voller libidofördernder Ingredienzien.
Vanilleschoten z. B, die hier der Nachspeise ihr besonderes Aroma verleihen, sollen die sexuelle Erregbarkeit erhöhen. Schon bei den amerikanischen Indianern fand rohe Vanille als sexuelles Tonikum für junge Männer Verwendung.

Aufgeschmalzene Brotsuppe

4 Scheiben dunkles Bauernbrot · 1/2 l dunkles bayerisches Bier · 2 mittelgroße Zwiebeln
4 EL Schweineschmalz · 1 l kräftige Rinderbrühe · 1 Prise Salz · frisch geriebene Muskatnuß
Pfeffer aus der Mühle · 1 Messerspitze feingehackter Kümmel · 1 EL Majoranblättchen
50 g Butterschmalz · 1 Bund Petersilie

Die Brotscheiben entrinden und jede Scheibe in 4 Stücke oder Kreise schneiden. Die Brotstücke in einen tiefen Teller legen und mit dem Bier übergießen.

Die Zwiebeln schälen und in feine Ringe schneiden. Das Schweineschmalz in einem großen Topf erhitzen und die Zwiebelringe darin anbraten, bis sie schön kroß sind. Einen Teil davon für die Garnitur herausnehmen. Die Rinderbrühe in den Topf gießen. Salz, Pfeffer, Muskatnuß, Kümmel sowie Majoranblättchen dazugeben und die Suppe bei milder Hitze ziehen lassen.

Das Butterschmalz in einer Pfanne erhitzen und die getränkten Brotstücke darin knusprig backen. Auf Küchenpapier abtropfen lassen. Die Petersilie waschen und trockenschütteln. Die Blättchen abzupfen. Die Brotstücke in eine Suppenterrine legen und mit der heißen Brühe übergießen. Mit Petersilie bestreuen. Zum Schluß mit den gebratenen Zwiebelringen garnieren.

Getrüffeltes Carpaccio vom Ochsenmaul

Für das Carpaccio:

600 g Ochsenmaulmaske (vom Metzger sauber rasiert und von den Backendrüsen befreit)
Saft von 1/2 Zitrone · 1 Schalotte · 2 Nelken · 1 Lorbeerblatt · 100 g Lauch
1 EL Korianderkörner · 1 TL Senfkörner · 1 TL weiße Pfefferkörner · 4 EL Weißweinessig
2 EL Meersalz · 1 kleines Bund Koriander

Außerdem:

400 g Brunnenkresse · 1 kleine schwarze Trüffel · 1 Schalotte · 1 EL geröstete Pinienkerne

Für das Dressing:

6 EL Sonnenblumenöl · 2 EL Olivenöl · 4 EL Weißweinessig · 2 EL Rotweinessig
1/2 TL scharfer Senf · 6 EL Balsamessig · 6 EL Ochsenmaulfond · 1 Prise Zucker · Meersalz
Pfeffer aus der Mühle

Das Ochsenmaul 3 bis 4 Stunden wässern. Dann herausnehmen, auf der Hautseite mit Zitronensaft einreiben und wie einen Rollbraten zusammenrollen. Rundherum mit Küchengarn umwickeln, damit sich die Rolle während des Garens nicht öffnet.

Die Schalotte schälen, 3 Löcher hineinstechen und in diese die Nelken und das Lorbeerblatt heineinstecken. Den Lauch putzen, gründlich waschen und nur das Weiße in Stücke schneiden. Das Grüne anderweitig verwenden.

Einen großen Topf mit 3 Litern Wasser füllen. Die gespickte Schalotte, die Lauchstücke und die restlichen Zutaten für das Carpaccio hinzufügen. Das Ganze zum Kochen bringen, das Ochsenmaul hineinlegen und dann alles bei mittlerer Hitze etwa 1 Stunde und 20 Minuten köcheln lassen.

Das Fleisch herausnehmen, vom Küchengarn befreien und abkühlen lassen. Den Ochsenmaulfond um die Hälfte einkochen lassen. Die Ochsenmaulmaske in etwa 2 mm dicke Scheiben schneiden und im Fond nochmals erwärmen. Die Brunnenkresse putzen, waschen und trockenschleudern. Die Trüffel in dünne Scheiben schneiden. Die Schalotte abziehen und fein hacken. Die Zutaten für das Dressing gründlich verrühren, dann die Schalotte untermischen.

Die Brunnenkresse in einer Schüssel mit einem Teil des Dressings vermengen. Das Ochsenmaulfleisch aus dem Fond nehmen und auf vorgewärmte Teller verteilen. Mit dem restlichen Dressing beträufeln. Mit Trüffelblättchen und Pinienkernen garnieren. Jeweils etwas marinierte Brunnenkresse darauf plazieren. Nach Belieben mit blanchierten Karotten- und Zucchinistückchen versehen.

DAS BESTE VON UNSEREN FISCHEN

Für den Fischfond:

1,5 kg Gräten, Haut, Abschnitte und Kopf (Karkassen) vom Steinbutt, kleingehackt
2 Stangen Lauch · 2 Schalotten · 1/2 Knoblauchzehe · 1 EL Olivenöl · 125 ml trockener Weißwein · einige Dillzweige · mit Lorbeerblatt und Nelke gespickte 1/2 Schalotte
1 EL Pernod · 4 EL Champagner-Essig · 125 ml Noilly-Prat (französischer Wermut) · Saft von 1/2 Zitrone · etwas Cayennepfeffer · 250 g Sahne · 1 EL Meersalz · Pfeffer aus der Mühle
4 EL kalte Butter · 125 g geschlagene Sahne

Für die Petersiliensauce:

3 EL Petersilienblätter · 1 Spritzer Zitronensaft · 3 EL trockener Weißwein

Für die rote Paprikabutter:

1 Schalotte · 120 g rote Paprikaschote · 1 EL Butter · 1 TL edelsüßes Paprikapulver
4 EL roter Portwein · 4 EL trockener Weißwein · Salz · Pfeffer aus der Mühle
2 EL geschlagene Sahne

Für die gelbe Paprikabutter:

1 Schalotte · 120 g gelbe Paprikaschote · 1 EL Butter · 4 EL weißer Portwein · 4 EL trockener Weißwein · Salz · Pfeffer aus der Mühle · 2 EL geschlagene Sahne

Für die Gemüse-Kapern-Butter:

300 g gemischtes Gemüse der Saison (Zucchini, Karotten, Zuckerschoten, Erbsen, Lauch)
1 Zitrone · 50 g Butter · 1 EL Kapern · 1 EL gehackte Petersilie

Für die Fische:

2 Schalotten · 2 EL Olivenöl · 100 g schottisches Lachsfilet · 120 g Seeteufelmedaillon
1 Seezungenfilet · 120 g Steinbuttfilet · 125 ml trockener Weißwein · 4 küchenfertige Garnelenschwänze · einige Dillzweige

Für den Fischfond die Karkassen unter fließendem Wasser gründlich abspülen, dann abtropfen lassen. Den Lauch putzen, waschen und nur das Weiße in Ringe schneiden. Die Schalotten schälen und fein hacken. Die Knoblauchzehe schälen.

Das Olivenöl in einem großen Topf erhitzen, die Schalotten zugeben. Die Karkassen zufügen und anschwitzen lassen. Lauch und Knoblauchzehe zugeben, etwas angehen lassen und das Ganze mit Weißwein ablöschen. Dill und gespickte Schalotte in den Topf geben. Etwa 2 Liter kaltes Wasser angießen und das Ganze aufkochen lassen.

Pernod, Champagner-Essig, Noilly-Prat, Zitronensaft und Cayennepfeffer einrühren und den Fond etwa 15 Minuten leicht köcheln lassen. Dann durch ein Tuch in eine Schüssel gießen. Vom Fond 1/2 Liter abmessen und beiseite stellen. Den Rest erneut erhitzen, zusammen mit der flüssigen Sahne einkochen lassen, nochmals mit Salz und Pfeffer abschmecken, mit Butterflocken binden und die geschlagene Sahne unterheben.

Für die Petersilienbutter die Petersilienblätter auf einem Sieb in kochendem Wasser blanchieren, dann in Eiswasser abschrecken. Zusammen mit Zitronensaft und Weißwein pürieren. Das Püree unter den Sahne-Fischfond ziehen und beiseite stellen.

Für die rote Paprikabutter die Schalotte abziehen und fein würfeln, die Paprikaschote putzen, waschen und ebenfalls würfeln. Die Schalotte in der Butter glasig dünsten, die Paprikaschote zugeben, mit Paprikapulver bestäuben, mit Port- und Weißwein ablöschen. Dann 1/8 Liter Fischfond zugeben, mit Salz und Pfeffer abschmecken und 20 Minuten köcheln lassen. Anschließend das Ganze pürieren, durch ein Tuch passieren und die geschlagene Sahne unterheben. Die gelbe Paprikabutter auf die gleiche Weise herstellen.

Für die Gemüse-Kapern-Butter das Gemüse putzen, waschen und in hübsche Formen schneiden. Dann blanchieren, in Eiswasser abschrecken, abtropfen lassen und mit Küchenkrepp abtrocknen. Aus der Zitrone 8 Zitronenfilets ausfiletieren, die restliche Zitrone auspressen. Die Butter erhitzen und das Gemüse darin anschwitzen. Kapern sowie Zitronenfilets zufügen, die Petersilie und den Zitronensaft einrühren. Warm stellen.

Die Schalotten für die Fische schälen und fein hacken. Das Olivenöl in einem großen Topf erhitzen und die Schalotten darin anschwitzen.

Die Fischfilets kalt abspülen und jeweils in 4 Teile schneiden. Die Schalotten mit Weißwein und 1/8 Liter Fischfond ablöschen. Die Fischstücke sowie die Garnelenschwänze einlegen und in der Flüssigkeit garen. Alles zusammen auf vorgewärmten Tellern anrichten. Nach Belieben gekochten Reis dazu reichen.

BAYERISCHE HAUSENTE

Für die Ente:

2 Zwiebeln · 1 Apfel · 2 EL Öl · 2 Majoranzweige · 1/2 TL zerstoßene Wacholderbeeren · Salz Pfeffer aus der Mühle · 1 küchenfertige Ente (ca. 1,6 kg) · je 50 g Sellerie, Karotte, Schalotte und Lauch · 2 EL Butter · 1 Thymianzweig · 1 Rosmarinzweig · 400 ml Geflügelfond (Fertigprodukt) 200 ml Rotwein

Für das Blaukraut:

1 kg Blaukraut · 1 Zwiebel · 2 EL Entenfett · 3 EL brauner Zucker · 250 ml trockener Rotwein 125 ml Apfelsaft · 1 EL Johannisbeergelee · 1 Gewürzsäckchen (Lorbeerblatt, Wacholderbeeren, schwarze Pfefferkörner, 4 Nelken, 1 Zimtstange)

Für das Apfel-Kartoffel-Gratin:

200 g mehligkochende Kartoffeln · 100 g Äpfel (z. B. Cox Orange) · 2 Schalotten 1/2 Knoblauchzehe · 1 EL Butter · 125 g Sahne · frisch geriebene Muskatnuß · Butter für die Form

Für das Blutorangenkompott:

2 Blutorangen · 2 cl Curaçao · 2 cl Grand Marnier · 6 Stück brauner Würfelzucker 1 TL Speisestärke · 2 EL trockener Rotwein · 1/8 l Blutorangensaft

Die Zwiebeln und den Apfel schälen. Zwiebeln grob hacken, Apfel vom Kerngehäuse befreien und würfeln. Die Hälfte des Öls erhitzen und Zwiebeln sowie Apfel darin andünsten. Majoranzweige und Wacholder zufügen, mit Salz und Pfeffer würzen. Die Füllung kurz abkühlen lassen.

Die Ente unter fließendem Wasser waschen, trockentupfen und von sichtbarem Fett befreien. Innen und außen mit Salz und Pfeffer einreiben. Mit der Apfel-Zwiebel-Füllung füllen und die Öffnung mit Küchengarn zunähen. Das restliche Öl erhitzen und die Ente darin rundherum kurz anbraten.

Den Backofen auf 175 °C vorheizen. Sellerie, Karotte, Schalotte und Lauch putzen bzw. schälen und würfeln. Die Butter in einer Kasserolle erhitzen und das Gemüse darin anschwitzen. Die Kräuter hinzufügen, mit 300 ml Geflügelfond und Rotwein ablöschen.

Die angebratene Ente auf das Gemüse setzen und das Ganze im Ofen etwa 1 Stunde und 20 Minuten braten.

Inzwischen die Beilagen zubereiten. Das Blaukraut putzen, waschen und in feine Streifen schneiden. Die Zwiebel schälen und fein hacken.

Das Fett in einem großen Topf erhitzen, den Zucker darin karamelisieren lassen, dann die Zwiebel darin andünsten. das Blaukraut zugeben, mit Rotwein und Apfelsaft ablöschen. Das Johannisbeergelee einrühren. Das Gewürzsäckchen in den Topf geben und das Blaukraut etwa 35 Minuten zugedeckt köcheln lassen. Anschließend bei milder Hitze ziehen lassen, bis die Ente fertig ist.

Für das Apfel-Kartoffel-Gratin die Kartoffeln schälen und halbieren. In leicht gesalzenem Wasser 3 Minuten aufkochen, damit der Stärkeinhalt der Kartoffeln ausgekocht wird. Kartoffeln in Eiswasser abschrecken, abtrocknen und in 2 mm dicke Scheiben schneiden.

Den Backofen auf 185 °C vorheizen. Die Äpfel schälen, halbieren vom Kerngehäuse befreien und ebenfalls in 2 mm dicke Scheiben schneiden. Schalotten und Knoblauch schälen, Schalotten fein hacken, Knoblauch durchpressen. Beides in der Butter anschwitzen, mit Sahne ablöschen, leicht köcheln lassen und mit Salz, Pfeffer und Muskat abschmecken.

Eine Form ausfetten, Kartoffel- und Apfelscheiben dachziegelartig einschichten und mit der zubereiteten Sahne übergießen. Die Sahne etwas einziehen lassen. Das Gratin im Ofen etwa 15 Minuten garen.

Für das Blutorangenkompott die Orangen schälen, die einzelnen Filets herauslösen. Das restliche Fruchtfleisch gut auspressen.

Den Saft durchpassieren, dann zusammen mit Curaçao, Grand Marnier und Würfelzucker erhitzen. Gut verrühren, bis sich der Zucker aufgelöst hat. Die Speisestärke mit dem Rotwein glattrühren und das Ganze damit binden. Den Blutorangensaft hinzufügen, einmal aufkochen lassen, dann vom Herd ziehen und die Orangenfilets einlegen.

Die Ente aus dem Ofen nehmen, 6 Minuten ruhen lassen und danach das Fleisch von den Knochen lösen. Die Knochen in den Bratensatz geben, restlichen Geflügelfond dazugeben und die Sauce 10 Minuten leicht köcheln lassen. Dann durchpassieren und ruhen lassen, damit sich das Fett absetzen kann. Das Fett abschöpfen, die Sauce erneut erhitzen und kräftig aufschlagen. Alles zusammen servieren.

Ausgezogene Nudeln auf Vanillesabayon

Für die ausgezogenen Nudeln:

12 g frische Hefe (1/3 Würfel) · 1/8 l lauwarme Milch · 1 EL Zucker · 1 EL Vanillezucker

250 g Mehl · 1 Ei · 4 EL zerlassene Butter · 1 Prise Salz

Für das Sabayon:

2 frische Eigelb · 125 ml trockener Weißwein · 2 EL Zucker · 1 TL Vanillezucker

ausgekratztes Mark von 1/2 Vanilleschote

Außerdem:

1 kg Kokosfett zum Ausbacken · Puderzucker zu Bestäuben

Die Hefe in die lauwarme Milch bröckeln, Zucker sowie Vanillezucker zufügen, die Mischung leicht verrühren und an einem warmen Ort etwa 15 Minuten gehen lassen.

Das Mehl in eine vorgewärmte Schüssel sieben, in die Mitte eine Vertiefung drücken, die Hefemilch hineingießen, mit etwas Mehl vermengen und das Ganze zugedeckt an einem warmen Ort nochmals 15 Minuten gehen lassen. Dann die restlichen Zutaten für die Nudeln beigeben, und alles zu einem glatten Teig verkneten. Kräftig schlagen, bis der Teig Blasen wirft. Dann zu einer Kugel formen und zugedeckt bei Zimmertemperatur 1 Stunde gehen lassen.

Aus dem Teig etwa 2 cm große Kugeln formen und diese auf einem bemehlten Blech nochmals 15 Minuten gehen lassen. Die Kugeln mit der Handfläche jeweils flachdrücken und etwas auseinanderziehen, bis der Teig in der Mitte fast durchsichtig wird.

Das Kokosfett auf etwa 170 C° erhitzen und die Nudeln darin portionsweise goldbraun ausbacken. Herausnehmen, auf Küchenpapier abtropfen lassen und mit Puderzucker bestäuben. Alle Zutaten für das Sabayon im warmen Wasserbad schaumig aufschlagen. Die Nudeln zusammen mit dem Sabayon servieren.

EWIGE JUGEND

Casanova begegnete 1757 einer Frau, der einmal nachgesagt wurde, daß sie den schönsten Busen Frankreichs hätte. Damals, als sie noch jung und schön aussah, war sie eine der Geliebten von Regent Herzog Philipp von Orléans gewesen. Als Casanova ihr vorgestellt wurde, war sie schon alt und verwitwet, hieß Marquise d'Urfé und war eine steinreiche Frau. Sie unterhielt ein künstlerisch sehenswertes Palais, das die Großen ihrer Zeit, darunter Voltaire und Rousseau, gerne besuchten.

Jeder, der etwas auf sich hielt, beschäftigte sich im 18. Jahrhundert mit Alchemie, der Kabbala und Okkultismus. Selbst Könige hatten ihre eigenen Privatlabors und hofften, eines Tages Gold zu gewinnen. Madame d'Urfé, die nicht altern wollte, glaubte mit Hilfe der Alchemie die »ewige Jugend« zu erlangen. Sie stellte sich in ihrem Wahn vor, mittels der geheimen Wissenschaften ihre persönliche fleischliche Wiedergeburt als Mann erreichen zu können.

Casanova war viel zu intelligent, als daß er an solche Dinge geglaubt hätte, aber er machte mit und hatte ab und zu auch scheinbaren Erfolg mit seiner »Magie«.

Dies sprach sich in Paris sehr schnell herum, so daß ihn die Marquise d'Urfé zu einem Essen einlud (Rezepte s. folgende Seiten). Sie hielt täglich in ihrem Palais eine offene Tafel für zwölf Personen ab, zu der die allerbeste Pariser Gesellschaft kam.

Nach dem Essen, das zwei volle Stunden gedauert hatte … begann sie sofort mit mir über Chemie, Magie und ihren ganzen Kult oder besser gesagt über ihren Wahnwitz zu sprechen. Mit einem liebenswürdigen Lächeln eröffnete sie mir, daß sie den Stein der Weisen besitze … Von der Bibliothek gingen wir in das Laboratorium, das mich tatsächlich in Erstaunen versetzte. Sie zeigte mir einen Stoff, den sie seit fünf Jahren über dem Feuer hatte und der noch vier oder fünf Jahre gekocht werden mußte. Es war ein Pulver, das im Augenblick jedes beliebige Metall in Gold verwandeln sollte …

Casanova merkte sehr bald, daß er diese Frau von ihren Wahnideen nicht abbringen konnte.

Da ich überzeugt war, daß ihre Betörung unheilbar war, glaubte ich nichts besseres tun zu können, als auf ihre verrückten Gedanken einzugehen und meinen Nutzen daraus zu ziehen. Mehrere Male hatte sie gesagt, sie sei bereit, mir ihr ganzes Vermögen zu geben …

Bald hatte er ihr völliges Vertrauen erlangt und konnte mit ihr tun und lassen, was er wollte. Sie war ihm willenlos ergeben und davon überzeugt, daß Casanova ihr die ewige Jugend verschaffen werde.

Casanova dachte sich 1762 eine geheimnisvolle Zeremonie für ihre Wiedergeburt als Mann aus. Er besorgte eine »Jungfrau«, die er als Gräfin ausgab, und die Zeremonie sollte auf einem Schloß der Urfé, Pont-Carré stattfinden. Sie war auf den vierzehnten Tag des Aprilmondes festgesetzt.

Nach diesen Vorbereitungen mußte ich an einem Orte, den mir die Geister kundgegeben hatten, die Jungfrau abholen, die die Tochter eines Adepten war und die ich durch ein nur den Rosenkreuzern bekanntes Mittel mit einem Knaben schwanger machen mußte…
Dieser Sohn sollte lebend geboren werden, aber nur mit einer sensitiven Seele begabt sein. Frau von Urfé sollte ihn im Augenblick seiner Geburt in die Arme nehmen und ihn sieben Tage im Bett behalten. Nach diesen sieben Tagen mußte sie sterben und dabei den Mund an den des Kindes pressen, das durch dies Mittel ihre vernunftbegabte Seele empfing. Sobald er das dritte Jahr erreicht hätte, sollte Frau von Urfé in ihm wieder zum Bewußtsein gelangen … Indem ich das Orakel so sprechen ließ, hatte ich gehofft, ihr einige Abneigung einzuflößen, denn sie mußte doch schließlich sterben. Da aber das Gegenteil eintrat, sah ich mich genötigt, ihr scheinbar Wort zu halten und die geheimnisvolle Jungfrau zu besorgen … An jenem Tage aßen wir wenig zu Abend und ich ging zu Bett. Eine Viertelstunde darauf kam Frau von Urfé mit der Jungfrau. Sie kleidete sie aus, parfürmierte sie, hüllte sie in einen prächtigen Schleier, und nachdem sie sie neben mich gelegt hatte, blieb sie dabei, um dem großen Werk beizuwohnen, kraft dessen sie nach neun Monaten wiedergeboren werden sollte. Wir vollzogen den Akt in aller Form.

Es kam wie es kommen mußte, Casanova mußte Madame d'Urfé mitteilen, »*… daß die Operation mißlungen sei. Frau von Urfé war in Verzweiflung, aber ich tröstete sie durch eine zweite Antwort des Orakels, wonach das, was im Aprilmond in Frankreich mißlungen sei, außer Landes im Maimond gelingen könnte. Wir entschieden uns für Aachen, und in fünf bis sechs Tagen war alles zum Aufbruch bereit.*« Casanova inszenierte eine weitere Verwandlungszeremonie. Zuvor mußte Madame d'Urfé an den Mond schreiben.

An dem nach dem Mond festgesetzten Tage speisten wir zusammen in einem Garten außerhalb der Stadt (Burtscheid), wo ich in einem Zimmer im Erdgeschoß des Hauses alles für den Kult Notwendige vorbereitet hatte. In der Tasche trug ich den Brief, der aus dem Mond fallen sollte, die Antwort auf den, den Frau von Urfé sorgfältig verfaßt hatte und den wir an seine Adresse befördern mußten. Ein paar Schritte von dem Zimmer der Zeremonie hatte ich eine große Badewanne aufstellen lassen, die mit warmem Wasser voller Essenzen gefüllt war, wie sie das Nachtgestirn liebt. In dieser Wanne sollten wir zusammen ein Bad nehmen, sobald der Mond aufging. Ich hielt den Brief (bereits vorgeschriebene Antwort des Mondes) in meiner linken Hand verborgen, und mit der rechten geleitete ich Frau von Urfé feierlich zu der Badewanne, an deren Rand eine Alabasterschale voll Wacholderessenzen stand. Diese zündete ich an und sprach dabei kabbalistische Worte … während sie mir den Brief an Selenis übergab. Ich verbrannte ihn an der Wacholderflamme im vollen Mondschein. Danach stiegen wir in das Bad, und nach zehn Minuten erschien an der Oberfläche des Wassers der Brief, den ich in der Hand verborgen hielt und den ich in silbernen Buchstaben kreisförmig auf grünes Glanzpapier geschrieben hatte. Sobald Frau von Urfé ihn erblickte, nahm sie ihn andachtsvoll und stieg mit mir aus dem Bade. Nachdem wir uns abgetrocknet und parfümiert hatten, kleideten wir uns wieder an. Als wir in anständigem Aufzuge waren, sagte ich zu Frau von Urfé, sie könne nun den Brief lesen, den sie auf ein parfümiertes weißseidenes Kissen gelegt hatte. Sie gehorchte, und eine sichtliche Trübsal befiel sie, als sie las, ihre Verwandlung sei aufgeschoben.

Für dieses Spektakel gab Madame d'Urfé Casanova Diamanten, Smaragde und Saphire und Geld. Es sollen umgerechnet insgesamt drei Millionen Mark gewesen sein!

Das Menü

nachgekocht von Ludwig Rath,
»Hotel-Club Sonnenbühl«, Altensteig-Wart

Austernsuppe · Makkaronipastete
Stockfisch à la Casanova
Rehrücken à la Madame d'Urfé
Zabaione

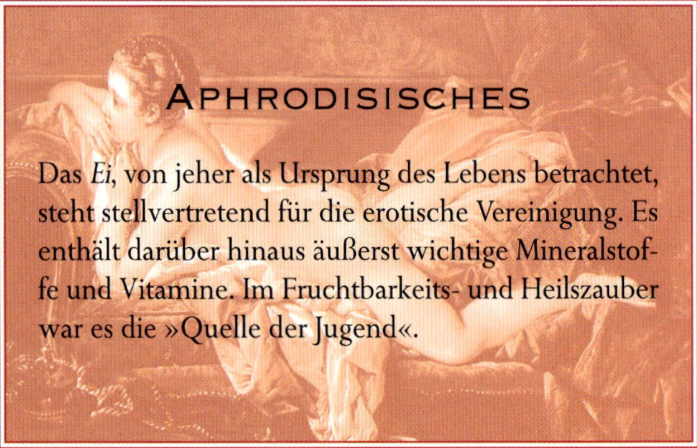

Aphrodisisches

Das *Ei*, von jeher als Ursprung des Lebens betrachtet, steht stellvertretend für die erotische Vereinigung. Es enthält darüber hinaus äußerst wichtige Mineralstoffe und Vitamine. Im Fruchtbarkeits- und Heilszauber war es die »Quelle der Jugend«.

Austernsuppe

18 frische Austern · 1 EL Butter · 125 ml trockener Weißwein · 50 g Zucchinirauten
50 g Karottenrauten · 750 ml entfettete Hühnerbrühe oder Geflügelfond · 100 g Sahne
Salz · etwas Zitronensaft · 2 frische Eigelb · Kerbelblättchen

Die Austern gut abbürsten. Dann jeweils mit der gewölbten Seite nach unten fest in die Hand nehmen (am besten vorher auf ein Küchentuch legen, damit man sich an den scharfen Kanten nicht verletzt). Mit einem Austernmesser jeweils am Scharnier einstechen und dieses durchtrennen. Dann mit dem Messer rundherum fahren und die obere Schale abheben. Dabei darauf achten, daß vom Austernwasser nichts verlorengeht. Das Austernfleisch aus den Schalen nehmen. In der Hälfte der Butter leicht erhitzen (nicht kochen), den Weißwein sowie das Austernwasser zufügen, das Ganze kurz ziehen lassen und dann vom Herd nehmen.

Das Gemüse in der restlichen Butter anschwitzen, Brühe sowie Sahne angießen und die Flüssigkeit leicht einkochen lassen. Mit Salz und Zitronensaft abschmecken. Die Suppe von der Herdplatte nehmen und die Eigelbe mit einem Schneebesen unterziehen.

Das Austernfleisch mitsamt Wein in eine vorgewärmte Schüssel geben. Mit heißer Suppe auffüllen und alles mit Kerbelblättchen bestreuen.

Makkaronipastete

Für den Pastetenteig:

300 g Mehl · 1 Ei · Salz

Für die Füllung:

250 g Kalbsbries · 250 g gekochte Makkaroni · 250 g Champignons · 10 grüne Oliven
1 rote Paprikaschote · 4 EL Butter · 3 EL Mehl · 1/4 l Milch · 3 Eier

Außerdem:

Butter für die Form · 1 Eigelb zum Bestreichen

Die Zutaten für den Pastetenteig zu einem glatten Teig verarbeiten. Den Teig zur Kugel formen, in Alufolie wickeln und im Kühlschrank etwa 1 Stunde ruhen lassen.

Das Kalbsbries einige Stunden in kaltem Wasser wässern, dabei mehrmals das Wasser wechseln. Dann in kaltes Salzwasser legen, das Ganze erhitzen und das Bries bei milder Hitze etwa 5 Minuten garen. Herausnehmen, in kaltem Wasser abkühlen lassen, alle Haut- und Sehnenteile entfernen und das Bries in kleine Stücke zupfen.

Die Makkaroni in kleine Stücke schneiden. Die Champignons putzen, mit einem feuchten Tuch säubern und würfeln. Die Oliven kleinschneiden. Die Paprikaschote halbieren, putzen, waschen und würfeln.

Die Butter in einem Topf erhitzen, das Mehl dazustäuben und hellgelb anschwitzen. Unter Rühren die Milch zugeben. Die Mischung etwa 20 Minuten kochen lassen.

Inzwischen die Pastete vorbereiten. Eine Pastetenform dünn mit Butter ausstreichen. Den Teig auf einer bemehlten Arbeitsfläche zu einem Kreis ausrollen, der in der Mitte dicker als am Rand ist. Den Kreis zu einem Halbkreis zusammenlegen, den dickeren Teil in der Mitte ausrollen, so daß eine Teigtasche entsteht.

Die Tasche vorsichtig mit den Händen öffnen, in die Form legen und den oberen Teil der Tasche über den Rand hängen lassen. Den Teig sorgfältig an Boden und Seiten der Form drücken, dabei darauf achten, daß keine Falten entstehen.

Den Backofen auf 160 °C vorheizen. Kalbsbries, Makkaroni, Pilze, Oliven und Paprikaschote in die Milchsauce geben. Kurz köcheln lassen, dann die Eier unterrühren.

Die Masse in die Form füllen. Mit dem überhängenden Pastetenteig abdecken. Ein dekoratives Muster in die Teigoberfläche ritzen und diese mit Eigelb bestreichen. 2 Löcher in den Teig stechen und 2 Schornsteine aus Alufolie hineinstecken.

Die Pastete in den Ofen geben und etwa 40 Minuten backen. Dann vorsichtig aus der Form lösen. Die Pastete noch lauwarm in Scheiben schneiden und nach Belieben auf Blattsalat anrichten.

Rehrücken à la Madame d'Urfé

Für den Rehrücken:

5 Wacholderbeeren · 15 schwarze Pfefferkörner · 2 Lorbeerblätter · 1 Thymianzweig

1 Zwiebel in Scheiben · 250 ml kräftiger Rotwein · 1 küchenfertiger Rehrücken (ca. 1 kg)

10 Speckscheiben · 250 ml Wildfond (Fertigprodukt) · 2 EL saure Sahne

2 EL Johannisbeergelee

Für die Polenta:

1,5 l Fleischbrühe · 2 EL Butter · 150 g Polentagrieß

Wacholderbeeren, Pfefferkörner, Lorbeerblätter, Thymianzweig und Zwiebel in Rotwein aufkochen, dann abkühlen lassen. In eine große Porzellanschüssel gießen und den Rehrücken darin für 2 Tage einlegen.

Den Backofen auf 160 °C vorheizen. Den Rehrücken aus der Beize nehmen, trockentupfen und mit den Speckscheiben umwickeln. Den Speck mit Küchengarn festbinden. Das Fleisch in einer Kasserolle rundherum kräftig anbraten. Dann in den Ofen schieben und etwa 30 Minuten garen. Die Beize durch ein feines Sieb abseihen.

Den Rücken herausnehmen, von Küchengarn und Speck befreien und in Scheiben schneiden. Die Scheiben in Alufolie wickeln und warm stellen. Den Bratensatz in der Kasserolle auf dem Herd erhitzen. Mit Beize und Wildfond ablöschen, etwas einkochen lassen. Die Sauce mit saurer Sahne und Johannisbeergelee verfeinern.

Die Polenta zubereiten, während das Fleisch im Ofen gart. Die Brühe zusammen mit der Butter aufkochen lassen. Den Polentagrieß einrühren.

Das Ganze bei mittlerer Hitze unter ständigem Rühren etwa 45 Minuten garen, bis eine kompakte Masse entsteht. Dabei darauf achten, daß nichts am Topfboden ansetzt. Die Polenta auf ein Küchenbrett stürzen und mit Hilfe eines Bindfadens in Scheiben schneiden. Rehfleisch und Polenta auf vorgewärmten Tellern anrichten. Das Fleisch mit der Sauce übergießen.

Stockfisch à la Casanova

500 g Stockfischfilets (an der Luft getrockneter Kabeljau oder Seelachs)
200 g Sahne · 2 EL Olivenöl · etwas Zitronensaft · Salz · Pfeffer aus der Mühle
8 bis 12 Weißbrotscheiben · 1 weiße Trüffel

Die Stockfischfilets etwa 1 Tag wässern, dabei mehrmals das Wasser wechseln. Das Fleisch der Filets sollte weich und weiß sein. Anschließend den Fisch enthäuten und alle Gräten mit einer Pinzette entfernen.

Das Fischfleisch durch die feine Scheibe des Fleischwolfs drehen. Zusammen mit der Sahne erhitzen und zu einer festen Masse einkochen lassen. Die Masse durch ein feines Haarsieb streichen.

Das Olivenöl leicht erhitzen und die Stockfischmasse darin erwärmen. Mit Zitronensaft, Salz und Pfeffer abschmecken. Die Weißbrotscheiben rösten und dann mit der Stockfischmasse bestreichen. Jede Scheibe reichlich mit Trüffelhobeln bestreuen.

ZABAIONE

6 frische Eigelb · 3 EL feiner Zucker · 100 ml Marsala
1 TL abgeriebene Schale einer unbehandelten Zitrone

Die Eigelbe zusammen mit dem Zucker in einer Schüssel im heißen Wasserbad mit einem Schneebesen schaumig schlagen. Nach und nach den Marsala unter ständigem Rühren hinzufügen.

Die Masse kräftig aufschlagen. Zum Schluß die Zitronenschale unterziehen. Die Zabaione heiß servieren.

ICH SPEISTE SEHR FRÖHLICH UND SEHR GUT

In Stuttgart (1760) und Ludwigsburg (1764) finden wir Casanova ganz in seinem Element: Er genießt die gute Küche, macht häufig Theater- und Opernbesuche, wirbt um schöne Frauen und frönt seiner Spielleidenschaft. Er schreibt in seinen Memoiren:

Der Hof des Herzogs von Württemberg (Carl Eugen regierte von 1744 –1793) war damals der glänzendste in ganz Europa … Der Herzog war prachtliebend: prunkvolle Bauten, Meuten, ein prächtiger Marstall, Launen aller Art. Was aber Riesensummen verschlang, das waren die hohen Gehälter und mehr noch sein Theater und seine Mätressen … Alle Tänzerinnen waren hübsch und alle rühmten sich, wenigstens einmal die Gunst Seiner Hoheit besessen zu haben.

Die erste Mätresse war eine Venezianerin, die Tochter des Gondoliers Gardello. Nach meiner Flucht aus den Bleikammern traf ich sie in München wieder, als Gattin des Michele Agata. Da sie dem Herzog gefiel, erbat er sie sich von ihrem Manne, und der schätzte sich glücklich, sie ihm abtreten zu dürfen.
Ein Jahr darauf, als er genug von ihren Reizen hatte, setzte er sie mit dem Titel »Madame« in den Ruhestand. Diese Ehre hatte die Eifersucht aller Mätressen erregt, denn jede hielt sich für hübsch genug, um anerkannte Mätresse zu werden … Alle spannen Ränke, um sie zu verdrängen, aber die Venezianerin besaß die Kunst zu fesseln in höchstem Maße und behauptete sich trotz aller Kabale. Statt dem Herzog seine fortwährenden Seitensprünge vorzuwerfen, ermunterte sie ihn dazu, und da sie ihn nicht liebte, war es ihr sehr recht, daß er sie unter dem Vorwand des Zeitvertreibs vernachlässigte.
Ihre größte Befriedigung war es, wenn die Tänzerinnen … sich an sie wandten. Sie empfing sie freundlich, gab ihnen gute Ratschläge und ermunterte sie, sich dem Herzog begehrenswert zu machen. Er seinerseits fand die Nachsicht der Favoritin herrlich und höchst bequem und hielt sich für verpflichtet, ihr seine Dankbarkeit zu bezeigen.

Ich merkte bald, daß die größte Leidenschaft des Herzogs die war, von sich reden zu machen … Er hätte gewünscht, daß die Welt von ihm sagte, kein Fürst besäße mehr Geist, mehr Geschmack, mehr Erfindungsgabe in Lustbarkeiten und mehr Herrschertalent …

So beginnt Casanovas Beschreibung des Württembergischen Hofes von Carl Eugen, der eine Vorliebe für alles Italienische hatte. Er beschäftigte einen italienischen Ballettmeister, pflegte die Commedia dell' arte auf Schloß Ludwigsburg und ließ auf dem See von Monrepos sogar Gondeln mit leibhaftigen Gondolieri rudern.

MENÜ

nachgekocht von Michael Lacher,
»Alte Sonne«, Ludwigsburg

Gazpacho Andaluz
Französische Zwiebelsuppe
Seezungen-Scampi-Rouladen mit
Hühnerleber im Teig
Karamelisiertes Rebhuhn mit Honigkraut
Quarksoufflé mit Mandarinenkompott

Kein Wunder, daß es Casanova 1760 auch nach Stuttgart zog, zumal seine langjährige Bekannte Binetti sowie auch die Toscani am Hoftheater engagiert waren.
Er begegnete dem Herzog während eines Opernbesuchs, bei dem Casanova ihm allerdings unliebsam auffiel, da er noch vor dem Herrscher einer Arie Beifall zollte. In dieser Zeit machte er auch einen Tagesausflug nach Ludwigsburg, wo er *»ausgezeichnet speiste«* (Rezepte s. folgende Seiten).

Die Stuttgarter Tage sollten jedoch bald ein jähes Ende nehmen: Drei Offiziere machten Casanova, den leidenschaftlichen Spieler, betrunken und bestahlen ihn. Da er seine Spielschulden nicht bezahlen konnte, flüchtete er Hals über Kopf aus der Stadt.

Das zweite Mal besuchte Casanova Ludwigsburg 1764. Er wohnte im Haus der Ballettis, verkehrte mit der Toscani und mit Vestri. Vestri hatte eine frühere Mätresse des Herzogs geheiratet. Obwohl sie kein »r« sprechen konnte, ergriff sie nach der Heirat den Schauspielerberuf.

»Ihr Spiel ist seelenvoll,« sagte ich zu ihr. »Sie sprechen so gefühlvoll, daß man schwören möchte, alles was sie sagen, wäre Eingebung. Wie schade, daß sie mit ihrer Zunge das scharfe r nicht sprechen können. In meiner Apotheke habe ich ein unfehlbares Mittel dagegen. Geben sie mir eine Ohrfeige, wenn ich sie morgen nicht dahin bringe, die Rolle so zu sprechen, daß der Fehler nicht hervortritt. Gelingt es mir aber, sie ohne r-Fehler sprechen zu lassen, müssen sie mir gestatten, sie zärtlich zu umarmen.«

Sie stimmte zu, und ihr Mann hatte nichts dagegen. Casanova nahm das Textbuch mit nach Hause, strich alle Wörter mit »r« heraus und ergänzte sie mit sinngemäß anderen. Die Vestri war begeistert und wollte zukünftig alle Textbücher von Casanova umgeschrieben haben.

»Hätte ich hier bleiben können, ich hätte sie durch dies Spiel erobert, aber nach acht Tagen voller Feste, Triumpfe und höchster Befriedigung« mußte Casanova aus Ludwigsburg flüchten. Der Herzog kam aus Venedig zurück! Ihm durfte er nicht begegnen, denn er hatte seinen Freunden vorgetäuscht, daß Herzog Carl Eugen ihn zum Geheimsekretär mit einem Gehalt von 1.200 Talern berufen hätte. Insgesamt hat Casanova der Aufenthalt in Ludwigsburg sehr gut gefallen. Dies geht aus seinen Erinnerungen hervor, in denen er ständig die Gasthäuser und das ausgezeichnete Essen lobte: »... *Ich speiste sehr fröhlich und sehr gut ...*«

APHRODISISCHES

Wußten Sie, daß auch *Sauerkraut* sinnliche Genüsse und die Stärkung der Liebeskraft verspricht? Wer Sauerkraut langweilig findet, weiß nicht, daß es sehr viele Vitamine und stärkende Mineralstoffe enthält und dabei rundherum appetitanregend wirkt.

Gazpacho Andaluz

1 mittelgroße Zwiebel · 1 Knoblauchzehe · 5 EL Sherryessig · 3 EL Olivenöl
500 ml Fleischbrühe · 3 EL Tomatenketchup · Saft von 1 Zitrone · 1 rote Paprikaschote
750 g vollreife Tomaten · 1 kleine Salatgurke · 4 Scheiben Weißbrot
Salz · Pfeffer aus der Mühle · Basilikum zum Garnieren

Zwiebel und Knoblauchzehe schälen und sehr fein hacken. Beides mit Essig, Öl, Fleischbrühe, Tomatenketchup und Zitronensaft vermengen. Das Ganze im Kühlschrank 1 Tag durchziehen lassen.

Am nächsten Tag den Backofen auf 200 °C vorheizen. Die Paprikaschote waschen, halbieren und die Hälften tropfnaß auf ein Blech setzen. In den Ofen geben und garen, bis die Haut Blasen wirft. Die Schotenhälften herausnehmen, kurz abkühlen lassen, dann die Haut abziehen, das Fruchtfleisch von Kernen sowie weißen Rippen befreien und fein würfeln.

Die Tomaten über Kreuz einritzen, mit kochend heißem Wasser überbrühen, enthäuten und vom Stielansatz befreien. Das Fruchtfleisch entkernen und würfeln. Die Salatgurke schälen, halbieren, die Kerne herauskratzen und das Fruchtfleisch ebenfalls würfeln. Die Weißbrotscheiben entrinden und kleinschneiden.

Die gekühlte Masse pürieren und mit Salz sowie Pfeffer abschmecken. Paprikaschoten-, Tomaten-, Gurken- und Brotwürfel unterziehen. Das Gazpacho nochmals kurz kühl stellen. Dann mit Basilikum garnieren und servieren.

Französische Zwiebelsuppe

500 g Zwiebeln · 2 Knoblauchzehen · 4 EL Butter · 250 ml trockener Weißwein
1 l Fleischbrühe · Salz · Pfeffer aus der Mühle · 2 EL Cognac · 2 Scheiben Toastbrot
150 g geriebener französischer Hartkäse (z. B. Beaufort) · Schnittlauch zum Bestreuen

Die Zwiebeln schälen und in feine Ringe schneiden. Den Knoblauch schälen und fein hacken.

Die Butter in einem großen Topf erhitzen und die Zwiebeln und den Knoblauch darin goldbraun anschwitzen. Mit dem Weißwein ablöschen und der Fleischbrühe auffüllen. Das Ganze etwa 25 Minuten leicht köcheln lassen. Anschließend mit Salz, Pfeffer und Cognac abschmecken.

Den Backofen auf 250 °C vorheizen. Die Toastbrotscheiben entrinden und diagonal halbieren, anschließend toasten.

Die Suppe in 4 feuerfeste Tassen füllen und die Toastecken auf die Suppe legen. Den Toast dick mit Käse bestreuen und alles im Ofen etwa 10 Minuten überbacken. Mit Schnittlauch bestreuen und heiß servieren.

Seezungen-Scampi-Rouladen mit Hühnerleber im Teig

Für die Seezungen-Scampi-Rouladen:

4 große Seezungenfilets · Salz · Pfeffer aus der Mühle · 1 TL Zitronensaft

1/2 TL Worcestershiresauce · 100 g Fischfarce (Fertigprodukt) · 4 große, blanchierte Spinatblätter

4 Scampischwänze · 1 EL Öl · 2 EL Olivenöl

Für die Hühnerleber in Teig:

3 Schalotten · 1 Apfel · 150 g Geflügelleber · 1 Prise Cayennepfeffer · 100 g Butter

50 g gewürfeltes Weißbrot · 4 Frühlingsrollenblätter oder Blätterteigscheiben

4 blanchierte Spinatblätter · 4 Streifen blanchierter Lauch · Öl zum Fritieren

Für das Trüffelsabayon:

200 ml Sekt · 200 ml Portwein · 200 ml Madeira · 4 frische Eigelb · 100 ml weißes Trüffelöl · 1 Prise Zucker

Für die Rotweinbutter:

200 ml kräftiger Rotwein · 100 ml roter Portwein · 1 Prise Zucker · 100 g kalte Butter in Stücken

Den Backofen auf 170 °C vorheizen. Die Seezungenfilets mit der Hautseite nach unten auf eine Arbeitsfläche legen. Mit Salz und Pfeffer würzen. Zitronensaft mit Worcestershiresauce verrühren und die Filets mit der Mischung bestreichen. Dann dünn mit der Fischfarce bestreichen.

Nun die Spinatblätter der Länge nach auflegen. Die Scampischwänze jeweils aus der Schale brechen, den dunklen Darm mit einer Pinzette entfernen und die Schwänze im Öl leicht anbraten. Dann die Scampis auf die Filets legen und diese jeweils vorsichtig einrollen. Jede Rolle mit 2 sich überkreuzenden Zahnstochern befestigen. Das Olivenöl in einer Kasserolle verteilen, die Rollen hineinsetzen und im Ofen 5 bis 6 Minuten garen. Warm halten.

Die Schalotten abziehen und fein würfeln. Den Apfel schälen, halbieren, vom Kerngehäuse befreien und ebenfalls würfeln. Die Hühnerleber waschen, von Häuten sowie Sehnen befreien und kleinschneiden. Die Leber ganz leicht salzen und pfeffern.

Die Hälfte der Butter erhitzen und Leber-, Schalotten- sowie Apfelwürfel darin bei starker Hitze anbraten. Die Weißbrotwürfel unterheben, die Masse nochmals abschmecken und kühl stellen. Die Frühlingsrollenblätter oder Blätterteigscheiben mit der restlichen Butter bestreichen, jeweils 1 Spinatblatt auflegen. Die Lebermasse gleichmäßig auf den Blättern verteilen. Jedes Blatt zu einem Säckchen formen und oben mit 1 Lauchstreifen zusammenbinden. Das Ganze 2 bis 3 Minuten in heißem Öl fritieren. Auf Küchenpapier abtropfen lassen und warm halten.

Für das Trüffelsabayon Sekt, Portwein und Madeira vermischen, erhitzen und auf ein Drittel einkochen lassen. Kurz abkühlen lassen, dann die Eigelbe und das Trüffelöl unterziehen. Mit Salz, Pfeffer und Zucker würzen. Das Sabayon im heißen Wasserbad etwa 10 Minuten lang aufschlagen.

Für die Rotweinbutter Rotwein und Portwein erhitzen und auf ein Drittel einkochen lassen. Mit Salz, Pfeffer und Zucker würzen. Die Hitze reduzieren und die Butter portionsweise mit einem Schneebesen unterarbeiten.

Die Seezungen-Scampi-Rouladen und die Lebersäckchen auf vorgewärmten Tellern anrichten. Mit dem Trüffelsabayon übergießen. Die Rotweinbutter jeweils kreisförmig auf die Teller gießen.

(auf dem Foto Seite 89)

Karamelisiertes Rebhuhn mit Honigkraut

Für die Sauce:

5 Schalotten · 50 g Butter · 100 ml Cognac · 200 ml Rotwein (z. B. Merlot) · 1 l Geflügelfond

Für das Honigkraut:

500 g frisches Sauerkraut · 1 kleine Zwiebel · 1 Apfel · 75 g Schweineschmalz

250 g flüssiger Honig · 250 ml Weißwein · 250 ml Fleischbrühe

1 Gewürzsäckchen aus 1 Lorbeerblatt, 1 Wacholderbeere und 3 schwarzen Pfefferkörnern

Für das Rebhuhn:

4 kleine küchenfertige Rebhühner · 50 g Backpflaumen · Salz · Pfeffer aus der Mühle

je 1 TL gehackter Rosmarin und Thymian · 4 große Scheiben Speck · 2 EL Öl

je 50 g Karotten- und Selleriewürfel · 50 g Lauch, in Streifen geschnitten

2 schwarze Pfefferkörner · 1 Lorbeerblatt · 2 Nelken · 1 TL Wacholderbeeren

Für das Kartoffelgitter:

5 große Kartoffeln · Öl zum Fritieren · 5 Scheiben Speck

Für die Sauce die Schalotten schälen und fein würfeln. In der Butter anschwitzen, mit Cognac und Merlot ablöschen und die Flüssigkeit auf die Hälfte einkochen lassen. Den Geflügelfond angießen und die Sauce etwa 10 Minuten köcheln lassen. Beiseite stellen.

Das Sauerkraut wässern und abtropfen lassen. Zwiebel und Apfel schälen, den Apfel vom Kerngehäuse befreien, beides in Scheiben schneiden. Das Schmalz in einem großen Topf erhitzen und Zwiebel- sowie Apfelscheiben darin anschwitzen. Die Hälfte vom Honig und das Sauerkraut zugeben. Mit Weißwein ablöschen, die Brühe angießen und den Gewürzbeutel hinzufügen. Das Kraut bei mittlerer Hitze zugedeckt etwa 45 Minuten leicht köcheln lassen. Anschließend mit Salz, Pfeffer, Zucker und restlichem Honig abschmecken.

Die Rebhühner innen und außen waschen, anschließend trockentupfen. Die Backpflaumen kleinschneiden und jeweils unter die Brusthaut der Rebhühner schieben. Die Hühner rundherum mit Salz, Pfeffer sowie mit den Kräutern einreiben. Die Hühner mit Küchengarn binden und jeweils mit 1 Speckscheibe umwickeln.

Den Backofen auf 180 C° vorheizen. Das Öl in einer Kasserolle erhitzen und die Rebhühner darin von allen Seiten goldbraun anbraten. Aus der Kasserolle nehmen und beiseite stellen. Karotten, Sellerie, Lauch, Pfefferkörner, Lorbeerblatt, Nelken und Wacholder hineingeben und etwas anschwitzen lassen.

Mit der Merlotsauce auffüllen und zum Kochen bringen. Nun die Hühner in die Sauce setzen und 8 bis 10 Minuten im Backofen schmoren lassen. Danach die Rebhühner aus der Sauce nehmen und den Speck sowie das Küchengarn entfernen. Die Sauce durch ein Sieb passieren und nochmals mit Salz und Pfeffer abschmecken.

Für das Kartoffelgitter die Kartoffeln schälen, grob raspeln und mit Salz und Pfeffer würzen. In heißem Öl knusprig ausbacken. Die Speckscheiben in einer Pfanne kross braten.

Die Rebhühner zusammen mit Honigkraut auf gitterförmig ausgelegten Kartoffelraspeln servieren. Die Speckscheiben auf die Kartoffeln geben. Die Rebhühner mit etwas Sauce übergießen.

Quarksoufflé mit Mandarinenkompott

Für das Mandarinenkompott:

5 große Mandarinen · 50 g Zucker · 50 ml Weißwein · 2 EL Cointreau
2 EL frisch gepreßter Orangensaft · 1 EL Zitronensaft · 1 TL Speisestärke

Für das Quarksoufflé:

flüssige Butter und Zucker für die Formen · 250 g Magerquark · 4 frische Eigelb
ausgekratztes Mark von 1/2 Vanilleschote · abgeriebene Schale von 1/2 unbehandelten Zitrone
1 Prise Salz · 4 Eiweiß · 80 g Zucker · 1 EL Kakaopulver · Puderzucker zum Bestäuben

2 Mandarinen auspressen, die restlichen Früchte schälen, jeweils gründlich von weißer Haut befreien und das Fruchtfleisch in Spalten teilen.

Den Zucker zusammen mit etwas Wasser erhitzen, das Ganze aufkochen und karamelisieren lassen. Mit Weißwein, Cointreau, Mandarinen-, Orangen- und Zitronensaft ablöschen. Das Ganze gut verrühren.

Die Flüssigkeit aufkochen, mit der Speisestärke binden und dann die Mandarinenspalten einlegen. Das Kompott auf der ausgeschalteten Herdplatte kurz ziehen, anschließend abkühlen lassen.

Für das Soufflé 4 kleine, runde, feuerfeste Formen (7 cm Durchmesser) mit flüssiger Butter auspinseln und mit Zucker ausstreuen. Den Quark in einem Küchentuch auspressen, dann durch ein feines Sieb streichen.

Den Backofen auf 180 C° vorheizen. Unter den Quark Eigelbe, Vanilleschotenmark, Zitronenschale und Salz rühren. Die Eiweiße halbsteif schlagen, dabei den Zucker einrieseln lassen. Ein Drittel des Eischnees unter die Eigelb-Quark-Masse rühren, den restlichen Eischnee vorsichtig unterheben.

Die Quarkmasse halbieren. Zu einer Hälfte den Kakao sieben und unterziehen. Die Souffléformen abwechselnd mit dunkler und heller Quarkmasse anfüllen. Die Formen mit dem Boden leicht auf eine Arbeitsfläche schlagen, damit die Massen schön glatt abschließen.

Einen feuerfesten Topf, in dem alle 4 Formen ausreichend Platz haben, zu einem Drittel mit Wasser füllen (das Wasser sollte bis kurz unter den Formenrand reichen).

Das Wasser zum Kochen bringen, die Formen hineinsetzen und das Ganze für 15 bis 20 Minuten in den Ofen geben. Keinesfalls vor Ablauf von 15 Minuten die Backofentüre öffnen, sonst fällt das Soufflé zusammen.

Die Soufflés herausnehmen und mit Puderzucker bestäuben. Noch warm zusammen mit dem Mandarinenkompott servieren. Nach Belieben Pistazieneis und Zabaione *(Rezept siehe S. 87)* dazu reichen.

Grüner Havelaal

1,2 kg küchenfertiger Aal · 200 g Suppengrün · Salz · 1 Schuß Essig · weiße Pfefferkörner
100 g Butter · 75 g Mehl · weißer Pfeffer aus der Mühle
Saft von 2 Zitronen · 1 Prise Zucker · 250 g Sahne · 2 frische Eigelb
2 EL gehackte Petersilie · 2 EL gehackter Dill

Den Aal unter fließendem Wasser gut waschen und in Portionsstücke von etwa 50 g teilen. Das Suppengrün putzen, waschen und kleinschneiden.

In einem entsprechend großen Topf etwa 2 Liter Wasser zum Kochen bringen. Suppengrün dazugeben, mit Salz, einem Schuß Essig sowie einigen Pfefferkörnern würzen und etwa 15 Minuten kochen lassen.

Dann die Aalstücke in den Würzsud geben, das Ganze kurz aufkochen. Anschließend die Hitze reduzieren und den Aal zugedeckt in 15 bis 20 Minuten bei milder Hitze gar ziehen lassen.

Die Butter erhitzen, das Mehl dazusieben und darin hellgelb anschwitzen lassen. Unter ständigem Rühren etwas durchgeseihte Aalbrühe auffüllen, das Ganze zu einer sämigen Sauce verrühren und 6 bis 8 Minuten kochen lassen. Mit Zitronensaft, Salz, Pfeffer und Zucker abschmecken.

Die Sahne mit den Eigelben verquirlen und die Sauce mit der Mischung binden. Kurz vor dem Servieren Petersilie und Dillspitzen untermischen. Die gegarten Aalstücke mit einem Schaumlöffel aus dem Sud nehmen, gut abtropfen lassen, auf Tellern anrichten und mit grüner Aalsauce überziehen. Dazu Zitronenecken und Gurkensalat reichen.

Köpenicker Bierkaltschale

100 g Rosinen oder Korinthen · 3 EL Zucker · 3 EL getrocknetes geriebenes Weißbrot
3 EL geriebenes Schwarzbrot · 1 Messerspitze Zimtpulver · 1 l gut gekühltes Weißbier
1 EL Himbeersirup · 1 Zitrone

Die Rosinen oder Korinthen verlesen, gut waschen, in wenig Wasser einweichen und kurz quellen lassen. Dann gut abtropfen lassen und in ein Bowlengefäß geben.

Mit Zucker, dem Weiß- und Schwarzbrot überstreuen, das Zimtpulver hinzugeben und das Ganze mit Weißbier übergießen. Den Himbeersirup unterrühren.

Die Zitrone schälen und in Scheiben schneiden. Die Scheiben als Einlage hineingeben. Gut gekühlt servieren.

Bierhähnchen mit Meerrettichcreme

Für die Bierhähnchen:

2 junge küchenfertige Brathähnchen · 1/2 l helles Bier · Salz · Pfeffer aus der Mühle
1 Thymianzweig · 175 g magerer Speck · 150 g Zwiebeln · 50 g Schmalz · 1 TL Tomatenmark
1 TL Mehl · 1/4 TL getrocknter Majoran · 125 g Sahne · 2 EL gehackter Dill

Für die Meerrettichcreme:

2 EL frisch geriebener Meerrettich · 1 EL geschlagene Sahne · 1/2 geriebener Apfel

Die Brathähnchen innen und außen gut waschen, dann trockentupfen. In einer tiefen Porzellanschüssel Bier, etwas Salz, Pfeffer und Thymian vermischen. Die Hähnchen für etwa 12 Stunden in diese Marinade einlegen.

Die Hälfte des Specks würfeln, den Rest in Scheiben schneiden. Die Scheiben in einer Pfanne kroß ausbraten und für die Garnitur beiseite legen. Die Zwiebeln schälen und grob hacken. Das Schmalz in einem großen Bräter erhitzen und Speck- sowie Zwiebelwürfel darin anbraten.

Die Brathähnchen aus der Marinade nehmen, abtropfen lassen und im Schmalz von allen Seiten kräftig anbraten. Dann die Hitze reduzieren und die Hähnchen goldbraun braten, dabei mehrmals mit der Biermarinade begießen. Die Hähnchen herausnehmen, vierteln und die Fleischstücke in Alufolie einschlagen. Das Tomatenmark unter den Bratensatz rühren, das Ganze etwas einkochen lassen, mit der restlichen Marinade auffüllen und diese nochmals einkochen.

Das Mehl mit etwas Saucenflüssigkeit glattrühren, die Mischung unter die Sauce ziehen. Diese etwa 10 Minuten köcheln lassen. Mit Pfeffer, Salz und Majoran abschmecken. Die Hühnerstücke für etwa 10 Minuten in die Sauce einlegen. Die Sahne untermischen und das Ganze zugedeckt auf abgeschalteter Herdplatte ziehen lassen.

Die Zutaten für die Meerrettichcreme vermischen. Die Brathähnchen portionsweise auf vorgewärmten Tellern anrichten. Mit Sauce überziehen, mit Dill bestreuen und mit den Speckscheiben garnieren. Jeweils etwas Meerrettichcreme dazugeben.

Äpfel im Schlafrock

Für den Teig:

300 g Mehl · 200 g kalte Butter · 1 Prise Salz · 6 EL Eiswasser

Außerdem:

4 mürbe Äpfel · 2 EL Himbeermarmelade · 3 EL grob gehackte Haselnüsse oder Mandeln

Puderzucker zum Bestäuben

Das Mehl in eine Schüssel sieben, in die Mitte eine Vertiefung drücken. Die kalte Butter in Stücken in die Vertiefung geben, das Salz darüberstreuen. Das Ganze mit den Händen zu Streuseln verarbeiten. Dann das Eiswasser unterkneten, bis ein glatter Teig entsteht. Diesen zur Kugel formen, in Folie wickeln und für 1 Stunde kühl stellen.

Die Äpfel schälen und jeweils das Kerngehäuse ausstechen. Die Marmelade mit Nüssen oder Mandeln vermengen und die Hohlräume in den Äpfeln mit dieser Mischung füllen.

Den Backofen auf 180 °C vorheizen. Den Teig auf bemehlter Arbeitsfläche dünn ausrollen. 4 Kreise von etwa 20 cm Durchmesser ausschneiden oder -stechen. Die Äpfel jeweils in die Mitte der Kreise setzen, den Teig oben zusammenschlagen, die oberen Teigränder mit Wasser befeuchten und zusammenkleben.

Aus dem restlichen Teig kleine Blättchen ausstechen, diese mit Wasser befeuchten und obenauf setzen. Das Ganze auf ein kalt abgespültes Blech setzen und im Ofen etwa 25 Minuten backen. Vor dem Herausnehmen mit einer Nadel prüfen, ob die Äpfel weich sind.

Die Äpfel im Schlafrock mit Puderzucker bestäuben und heiß servieren. Nach Belieben Vanillesauce dazu reichen.

FASTENSPEISE NACH ART DES FÜRSTABTS

Während seines Aufenthaltes in Zürich im Hotel »Zum Schwert« im April 1766 kam Casanova ins Grübeln über sich und seinen unsteten Lebenswandel:

Von diesen Gedanken erfüllt, ging ich ins Bett und verbrachte eine köstliche Nacht in holden Träumen. Ich sah mich in einer friedlichen Einsamkeit, in Wohlstand und Ruhe.

Am anderen Morgen, als er erwachte, war er von seinem »*eingebildeten Glück so hold bewegt, daß ich es zu verwirklichen trachtete. Ich stehe auf, kleide mich rasch an und gehe ohne Frühstück fort, ohne zu wissen wohin.*« Er wanderte weit über Zürichs Stadtgrenzen hinaus.

In der Ferne sehe ich in prächtiger Lage eine große Kirche, die an ein großes Gebäude von regelmäßiger Bauart stößt. Ich errate, daß es ein Kloster ist und gehe darauf zu.

Es war das Kloster Maria Einsiedeln, das er schließlich nach einem mehrstündigen Fußmarsch erreichte. Fürstabt Nikolaus II. empfing ihn freundlich und zeigte seinem neugierigen Besucher das Kloster und das Gotteshaus. Eine Einladung zum Mittagessen mit dem Hausherrn kam Casanova sehr gelegen. Der Abt bat ihn, an seinem Tisch Platz zu nehmen, »*mit dem Blick zum Himmel, wie um Gott zu danken, daß ich von seiner Gnade getroffen, als Pilger meine Verderbtheit hierhergetragen hätte, denn ich habe, um die Wahrheit zu sagen, immer wie ein großer Sünder ausgesehen.*«
Die »*feine, leckere Mahlzeit*« (Rezepte s. folgende Seiten) *bestand zunächst aus einer prächtigen Lachsforelle.*
Um die gute Kost mit einem feinen Scherz zu würzen, sagte der Abt in gutem Latein:

»Es wäre wohl hoffärtig, sie nicht zu essen, weil sie nur ein Fisch sei« und setzte hinzu: »Man muß etwas Fastenspeise essen, um die Fleischkost zu dämpfen.«
Dann gab es Schnepfen: »Was! Ehrwürden, in dieser Jahreszeit solches Wild!«
»Das ist ein Geheimnis« sagte er mit Lächeln, »das ich ihnen mit Vergnügen verraten will. Ich bewahre die Schnepfen sechs Monate auf, ohne daß die Luft ihnen etwas anhaben kann.«
Der Abt war ein Feinschmecker erster Güte und ein Weinkenner, denn obgleich er den Enthaltsamen spielte, hatte er die besten Weine und die leckersten Speisen!

Menü

nachgekocht von Oskar Kapp und Volker Friebe,
Romantik Hotel »Zum Stern«, Bad Hersfeld

Klosterbrot
Kapuzinerkresse mit marinierten Steinpilzen
Cassoulet von Lachsforellen
Tauben nach Klosterart
Eremitenkäse

Nach dem Essen verspürte Casanova den Wunsch, eine Generalbeichte abzulegen. Er, Casanova, war sogar fest entschlossen, Mönch zu werden!
Der Abt gab ihm wohlweislich eine vierzehntägige Frist, um seine Entscheidung nochmals zu überdenken.

In dieser Zeit nahm ihn das weltliche Leben in Form *»eines Zauberbildes, das mir den Verstand raubte«* wieder gefangen. Er sah aus seinem Hotelfenster eine schöne Frau einer Kutsche entsteigen, gefolgt von drei anderen Damen. Er fragte beim Wirt nach ihrem Namen und erfuhr, daß seine Angebetete eine verheiratete Baronin war, die sich Marie-Anna-Luise Roll von Elmenholtz nannte.

Casanova ließ sich allerlei Tricks einfallen, um ihr nahezukommen. Er verkleidete sich als Kellner und Stiefelknecht und reiste ihr nach Solothurn nach, wo er sie bei einer Soirée des Botschafters wiedertraf. Um sie zu erobern, ließ er sich als Laienschauspieler in einem Voltaire-Stück »Die Schottin« engagieren, in dem Madame Roll seine Liebhaberin spielte.
Er mietete sogar in ihrer Nähe ein Landhaus an und endlich schien nach langem Werben, vielen Bällen, Gesellschaften und Soupers der große Tag der Eroberung gekommen zu sein.
Sie verabredeten ein nächtliches Stelldichein, das aber von ihm unbemerkt eine andere Frau wahrnahm, die sich an ihm rächen wollte. So war Casanova noch selten reingelegt worden! Voll Wut und Enttäuschung gab er sein Liebeswerben auf – aber Mönch wollte er auch nicht mehr werden. Als der Abt seinen endgültigen Entschluß hören wollte, antwortete er:

»Ich bin anderen Sinnes geworden ...«
»Ich gratuliere ihnen« meinte der Geistliche, »und will hoffen, daß sich alle ihre Wünsche erfüllen. Ich will ihnen sogar insgeheim sagen, daß es sehr viel leichter ist, sein Heil in der Welt zu finden, wo man seinen Nächsten nützlich sein kann, als wenn man sich in ein Kloster einschließt, wo man weder sich noch anderen nützt.«

Kein Wunder, daß man im Kloster Einsiedeln bis zum heutigen Tag nichts von Casanova wissen will! Der Besuch Casanovas und gar der Rat des Fürstabtes ist in der Klosterchronik nicht vermerkt.

Aphrodisisches

Knoblauch gehört zu den legendären »Liebes-Lebensmitteln« und hat auch heute noch seinen festen Stammplatz in der asiatischen und orientalischen, in der Mittelmeer- und Feinschmeckerküche. Seine Wirkstoffe gelangen so schnell ins Blut, daß Verliebte bei einem Liebesmahl den durchdringenden Geruch kaum als störend empfinden werden ...

Klosterbrot

Für den Vorteig:

1 EL Salz · 15 g frische Hefe (ca. 1/3 Würfel) · 1 EL Sonnenblumenkerne

4 EL grobes Roggenschrot · 4 EL Haferflocken · 120 g Dinkelflocken · 350 ml Wasser

Für den Hauptteig:

50 g Vollkorn-Dinkel-Mehl · 120 g Hafer-Dinkel-Mix · 80 g Weizenmehl Type 550

4 EL Roggenmehl · 50 g Dinkelmehl · 80 g Sauerteig (Fertigprodukt aus dem Beutel)

Außerdem:

Mehl für das Blech

Die Zutaten für den Vorteig vermengen und zugedeckt an einem warmen Ort 30 Minuten ruhen lassen. Den Backofen auf 240 °C vorheizen. Alle Zutaten für den Hauptteig in einer großen Schüssel vermengen. Den Vorteig hinzufügen und das Ganze mit den Quirlhaken eines Handrührgerätes 3 Minuten langsam, dann 4 Minuten schnell verkneten. Den Teig zu einem Brotlaib formen und diesen auf ein bemehltes Blech setzen. Eine mit heißem Wasser gefüllte, feuerfeste Schale in den Backofen stellen. Das Blech in den Ofen schieben und das Brot 20 Minuten backen. Dann den Ofen auf 200 °C herunterschalten und das Brot in etwa 30 Minuten fertigbacken. Das Brot abkühlen lassen. Dann in Scheiben schneiden und zusammen mit frischer Butter und den marinierten Steinpilzen servieren.

(ohne Abbildung)

Kapuzinerkresse mit marinierten Steinpilzen

4 schöne große Steinpilze · Salz · Pfeffer aus der Mühle · 1 Schalotte · 1/2 Knoblauchzehe

1 EL Olivenöl · 1 Zweig Thymian · 1 Schuß Marc de champagne (französischer Triesterbrand)

2 Kästchen Kapuzinerkresse · 2 EL gehackte Petersilie

Die Steinpilze putzen, mit einem feuchten Tuch abreiben und in Scheiben schneiden. Die Scheiben auf einer Platte auslegen, salzen und pfeffern. Die Schalotte schälen und würfeln. Den Knoblauch abziehen und in Scheiben schneiden. Olivenöl erhitzen und Schalotte sowie Knoblauch darin glasig dünsten. Den Thymian hinzufügen. Mit dem Marc de champagne ablöschen und noch warm auf die Steinpilzscheiben geben. Die Pilze 2 bis 3 Stunden durchziehen lassen. Die Kapuzinerkresse mit einer Küchenschere abschneiden, waschen und trockenschleudern. In Nestform auf Tellern verteilen, die marinierten Steinpilze in die Mitte geben und alles mit gehackter Petersilie bestreuen. Zum Klosterbrot reichen.

(ohne Abbildung)

Cassoulet von Lachsforellen

Filets und Karkassen (Gräten, Flossen, Kopf) von 2 großen fangfrischen Lachsforellen
6 EL Butter · 100 ml trockener Weißwein · 4 Korianderkörner · 1 Lorbeerblatt · 2 Nelken
240 g Wurzelgemüse (Karotten, Sellerie, Petersilienwurzel) · 1 Knoblauchzehe · 2 Schalotten
1 Schuß Noilly Prat (französischer Wermut) · Salz · Pfeffer aus der Mühle
3 EL gehackte Petersilie · Dill und Lachskaviar zum Garnieren

Die Lachsfilets in in breite Streifen schneiden und kühl stellen. Die Fischkarkassen in 2 Eßlöffeln Butter andünsten, mit Weißwein ablöschen und mit etwa 200 ml Wasser aufgießen.

Koriander, Lorbeer und Nelken zugeben und das Ganze auf kleiner Flamme etwa 30 Minuten ziehen lassen. Dabei öfter abschäumen. Anschließend durch ein feines Sieb gießen.

Während die Karkassen kochen das Wurzelgemüse putzen, bzw. schälen, waschen und in kleine Würfel schneiden. Knoblauch und Schalotten schälen, beides ebenfalls würfeln.

2 Eßlöffel Butter in einer Kasserolle erhitzen. Knoblauch, Schalotten und Wurzelgemüse darin andünsten. Mit dem Fischfond aufgießen, etwas köcheln lassen, dann mit Noilly Prat, Salz und Pfeffer abschmecken.

Die Fischstreifen mit Salz und Pfeffer würzen. In der restlichen Butter anbraten. Den Gemüse-Fisch-Fond im Mixer zusammen mit der Petersilie pürieren und kräftig aufschäumen.

Die Lachsfiletstreifen auf Tellern anrichten und jeweils mit Sauce übergießen. Nach Belieben zusammen mit kleinen Salzkartoffeln servieren. Mit Dill und Lachskaviar garnieren.

Essen
gesegnet.

Tauben nach Klosterart

2 küchenfertige Tauben, mit Innereien (à ca. 400 g) · Salz · Pfeffer aus der Mühle
1 Karotte · 1 Stück Knollensellerie · 1 Stück Petersilienwurzel · 2 EL Öl · 2 EL Tomatenmark
½ l kräftiger Rotwein (z. B. alter Burgunder) · 1 dicke Scheibe geräucherter Schinken
2 kleine Schalotten · 250 g Waldchampignons · 6 EL Butter · 1 Prise getrockneter Thymian
1 Spritzer Cognac · 1 Ei · 50 g kalte Butter

Die Tauben auslösen, so daß das Fleisch intakt bleibt und die Vögel zu ihrer ursprünglichen Gestalt wieder zusammengesetzt werden können. Innen und außen mit Salz und Pfeffer würzen, kühl stellen.

Karotte, Sellerie und Petersilienwurzel schälen und würfeln. Zusammen mit den Taubenknochen im Öl anrösten, Tomatenmark zugeben und mit der Hälfte des Burgunders ablöschen. Mit etwa 200 ml Wasser auffüllen und das Ganze etwa 30 Minuten köcheln lassen. Dann durch ein feines Sieb abseihen.

Herz und Leber der Tauben waschen. Zusammen mit dem Schinken durch die feine Scheibe des Fleischwolfs drehen. Die Mischung kühl stellen.

Die Schalotten schälen und fein hacken. Die Pilze putzen, mit einem feuchten Tuch abreiben und anschließend in Würfel schneiden.

2 Eßlöffel Butter in eine Pfanne erhitzen und die Schalotten darin anschwitzen. Die Champignons zugeben, anziehen lassen, bis sie Farbe nehmen. Die Schinken-Leber-Mischung zu den Champignons geben. Das Ganze vermischen und mit Salz, Pfeffer, Thymian sowie Cognac würzen. Die Füllung mit dem Ei binden.

Die entbeinten Tauben ausbreiten, jeweils mit Füllung belegen, einrollen und sorgfältig mit Küchengarn zubinden. Die restliche Butter in einer Kasserolle erhitzen und die Tauben von allen Seiten darin anbräunen. Mit der durchgeseihten Sauce übergießen, die Kasserolle mit einem Deckel schließen und die Tauben bei milder Hitze 30 bis 45 Minuten schmoren, bis das Fleisch zart ist.

Danach die Tauben herausnehmen und warm stellen. Den restlichen Burgunder in einer Kasserolle einkochen lassen und mit dem Bratenfond aufgießen. Die Sauce mit Salz und Pfeffer abschmecken. Die kalte Butter stückchenweise mit einem Schneebesen unterarbeiten, bis die Sauce schön glänzt.

Zum Servieren die Tauben in breite Scheiben schneiden und diese jeweils mit Sauce übergießen. Nach Belieben dazu gedünstetes Gemüse und Pellkartoffeln, Sorte »Bamberger Hörnchen«, dazu reichen.
(auf dem Foto Seite 111 und 117 links)

Eremitenkäse

Dieser Käse wurde ursprünglich nur von Trappistenmönchen hergestellt, daher wird er auch als Trappistenkäse bezeichnet. Zu Casanovas Zeiten war der französische Port-du-Salut aus dem gleichnamigen Kloster bei Entrammes der originale Trappistenkäse, er wurde nur dort produziert. Heute gibt es zahlreiche Trappistenkäsesorten. Andere Sorten aus den unterschiedlichsten Regionen Frankreichs sind der Echourgnac, der Mont des Cats, der Chambarand, der Campénéac, der Citeaux, der Igny, der Oelenberg aus dem Elsaß, der Beaumont, der Tamié, der Brisquebec; aus England der Penbryn, aus Kanada der Oka. Die deutschen sehr bekannten Trappistenkäse heißen Castor, Porta Prälat und Tegernauer.
(auf dem Foto unten rechts)

SÜNDHAFT KÖSTLICHE BISSEN

Emilia und Armellina hießen jene beiden Mädchen, die es Casanova bei seinem Aufenthalt in Rom 1770/71 besonders angetan hatten. Ihre Eroberung gestaltete sich als ausgesprochen schwierig, denn Armellina war Schülerin eines strengen Klosterinternates, Emilia ihre nicht minder gut bewachte Erzieherin. Mit köstlichen Soupers und einem wärmenden Punsch versuchte Casanova ihre strengen Moralvorstellungen aufzuweichen …

Wie kam es überhaupt zu einer Begegnung? Casanova lernte die beiden Schönen in einem dunklen Klosterzimmer hinter dem Besuchergitter kennen. Dank seiner guten Verbindungen zu den Obersten der Kirche lockerte der Papst für Casanova höchstpersönlich die Besucherregeln. Dann umschmeichelte Casanova die Oberin, bis sie es gestattete, daß er Armellina in Begleitung ihrer Erzieherin nächtelang ausführen durfte.

Nach einem Opernbesuch lud er die beiden unerfahrenen Frauen einmal in ein Gasthaus zum Abendessen ein. Es gab einhundert venezianische Austern für fünfzig Paoli, die der Kellner erst am Tisch öffnete, dazu floß auch reichlich Champagner.

… Ich zeigte den Mädchen durch mein Beispiel wie man Austern aß. Sie schwammen in ihrem Meerwasser. Nachdem Armellina fünf oder sechs geschluckt hatte, sagte sie zu Emilia, so köstliche Bissen müßten sündhaft sein. Emilia antwortete, die Tatsache, daß sie so gut schmeckten, wäre wohl keine Sünde; eine Sünde wäre es nur, weil wir mit jeder Auster einen halben Paolo hinunterschluckten.
»Einen halben Paolo?« meinte Armellina, »und unser Heiliger Vater verbietet das nicht? Wenn so etwas nicht Völlerei ist, möchte ich wissen, was man unter Völlerei versteht. Ich esse die Austern mit Vergnügen; doch ich schwöre dir, daß ich es beichten werde, um zu erfahren, was der Beichtvater dazu sagt.«
Die naiven Äußerungen machten mich ganz glücklich, doch ich mußte es auch körperlich sein. Meine Liebe, die vor Hunger umkam, neidete meinem Mund die Speise …

Nach zwei Flaschen Champagner ließ er Zitronen, eine Flasche Rum, Zucker, eine große Schale und heißes Wasser

Menü

nachgekocht von Rainer Bornholdt,
»Schloß Heiligenstedten«, Heiligenstedten

Pochierte Austern mit Lauch und Safran
Champagner-Rum-Punsch
Rührei mit Trüffeln
Störkoteletts in Schalottenbutter
Maronenmousse

bringen, um alles zusammen mit den zweiten fünfzig Austern zu genießen.

Dann schickte ich den Kellner fort. Ich bereitete einen guten Punsch, den ich durch eine Flasche Champagner spritzig machte. Nachdem wir fünf oder sechs Austern gegessen und Punsch getrunken hatten, über den die beiden Mädchen laut jubelten, so gut schmeckte ihnen dieses Getränk, verfiel ich darauf, Emilia zu bitten, sie solle mir eine Auster in den Mund schieben. »Sie sind zu klug,« fügte ich hinzu, »um sich dabei etwas Böses zu denken!«
Die Mädchen folgten meinem Wunsch. Die »sündhaft köstlichen Bissen« wurden von Mund zu Mund ausgetauscht.

Mir war heiß. Ich konnte es schließlich nicht mehr aushalten und mußte meinen Rock ausziehen, und auch sie schnürten ihre Kleider auf … Sie ließen mich die Schönheit ihrer Brüste bewundern, deren Anblick mich bezauberte …

Zum nächsten Austernessen mietete er im gleichen Gasthof zwei Zimmer mit langen Sofas an.

Von Austern und Champagner aufgemuntert … wurde es uns heiß. Ich schlug vor, sie sollten doch ins andere Zimmer gehen und ihre pelzbesetzten Kleider ablegen, um die Austern unbeschwerter essen zu können. Ihre Kleider waren in der Taille mit Fischbein versteift – sie kamen mit weißen Korsetts und kurzen Bombasinröckchen zurück, die ihnen nur bis zur halben Wade gingen … Beim Spiel mit den Austern von Mund zu Mund warf ich Armellina vor, daß sie das Wasser hinunterschlucke, bevor ich die Austern nehmen könne. Ich gab zu, daß es schwierig war, dies nicht zu tun, machte mich jedoch anheischig, ihnen zu zeigen, was man tun mußte, um die Austern mit dem Wasser im Mund zu behalten. Man mußte mit der Zunge einen Damm bilden, damit es nicht in die Speiseröhre floß. Zum Vormachen verpflichtet, zeigte ich ihnen, wie sie selbst gleich mir die Austern und das Wasser in den Mund der Anderen bringen konnten, indem sie gleichzeitig mit ihrer Zunge in ihrer ganzen Länge nachhalfen. Ich fand es nicht übel, daß sie nicht zurückzuckten, als ich meine Zunge lang machte, und auch Armellina fand es nicht unangenehm, als ich dann eine Weile an der ihren sog, die sie mir so freiwillig darbot. Hinterher lachten sie über das Vergnügen, das man bei diesem Spiel hatte, und beide stimmten mir zu, daß nichts unschuldiger sein könnte.
Als ich eine Auster an Emilias Lippen führte, fiel diese durch einen Zufall mitten in ihren Ausschnitt. Sie wollte sie herausholen, doch ich beanpruchte dieses Recht für mich. Sie mußte sich fügen, sich von mir aufschnüren zu lassen und gestatten, daß ich die Auster mit den Lippen aus der Vertiefung holte, in die sie gefallen war. Dabei blieb ihr nichts übrig als sich völlig entblößen zu lassen …

Aphrodisisches

Schon der Genuß der *Austern* wird hier zum reinsten Liebesspiel. Austern selbst sind aus der Geschichte der Aphrodisiaka nicht wegzudenken. Sie enthalten wertvolles Jod, Phosphor und Zink, auch die Medizin weiß von ihrer libidosteigernden Wirkung.

Pochierte Austern mit Lauch und Safran

20 frische Austern · 2 Stangen Lauch · 1 Schalotte · 3 EL Butter · 2 Messerspitzen Safranfäden
100 ml trockener Weißwein (z. B. Blanc de Blancs) · 4 EL weißer alter Portwein · 100 g Sahne
Salz · Pfeffer aus der Mühle

Die Austern unter fließendem Wasser gut abbürsten. Dann jeweils mit der gewölbten Seite nach unten fest in die Hand nehmen (am besten vorher auf ein Küchentuch legen, damit man sich an den scharfen Kanten nicht verletzt). Mit einem Austernmesser jeweils am Scharnier einstechen und dieses durchtrennen. Dann mit dem Messer rundherum fahren und die obere Schale abheben. Dabei darauf achten, daß vom Austernwasser nichts verlorengeht. Die Austern aus den Schalen nehmen, das Austernwasser auffangen und durch ein Tuch passieren. Erhitzen und das Austernfleisch darin etwa 5 Sekunden pochieren. Die Austern wieder herausnehmen und warm stellen, das Austernwasser beiseite stellen. Die unteren Schalen gründlich säubern, trockentupfen und auf einer Platte verteilen.

Den Lauch putzen, längs halbieren, gründlich waschen und das Weiße in feine Streifen schneiden. Das Grüne anderweitig verwenden. Die Schalotte schälen und würfeln. Die Butter erhitzen, die Schalotte darin leicht anschwitzen. Lauch dazugeben. Keine Farbe nehmen lassen. Safran zufügen, mit Blanc de Blancs und Portwein ablöschen. Einkochen lassen, Austernwasser und Sahne zugeben, und die Sauce zu einer sämigen Konsistenz reduzieren lassen. Mit Salz und Pfeffer abschmecken. Die warmen Austern wieder in die unteren Schalen setzen. Jeweils mit etwas Lauch-Safran-Sauce begießen. Sofort servieren.

Champagner-Rum-Punsch

250 g feiner Zucker · abgeriebene Schale von 1 unbehandelten Zitrone
1/2 Flasche weißer Rum · 1 Flasche gut gekühlter Champagner · Zitronenscheiben

Den Zucker in ein großes Bowlengefäß geben. Darin mit der Zitronenschale vermischen. 125 ml Wasser dazugießen und alles gut verrühren, bis sich der Zucker aufgelöst hat. Den Rum unterrühren und das Ganze für 1 Stunde in das Gefrierfach stellen. Alles nochmals gut verrühren, dann den Champagner untermischen. Dabei nur kurz vorsichtig umrühren. Einige Zitronenscheiben hineingeben und den Punsch zusammen mit den Austern servieren.
(ohne Abbildung)

Rührei mit Trüffeln

50 g schwarze Trüffel · 8 frische Eier · 4 EL Milch · Salz · Pfeffer aus der Mühle
60 g weiche Butter · Kerbelblättchen zum Garnieren

Die Trüffel schälen und sehr fein hobeln. Die Eier mit einem Schneebesen mit Milch, Salz, Pfeffer und der Hälfte der Butter schaumig verquirlen. Die restliche Butter in einer Pfanne zerlassen. Die Eiermasse darin unter ständigem Rühren mit einem Holzlöffel zu einer lockeren, cremigen Masse garen. Umgehend auf vorgewärmten Tellern anrichten. Mit Trüffelhobeln bestreuen und mit Kerbel garnieren. Sofort servieren.

Störkoteletts in Schalottenbutter

2 mittelgroße Schalotten · 1 Knoblauchzehe · 100 g weiche Butter
Salz · Pfeffer aus der Mühle · 2 TL Zitronensaft · 1 EL feingehackte Petersilie
4 dicke Koteletts vom Stör · 2 EL Mehl · 50 g Butter · Basilikum zum Garnieren

Die Schalotten schälen und sehr fein hacken. Die Knoblauchzehe abziehen und durch eine Presse drücken. Die Butter schaumig rühren, Schalotten und Knoblauch untermischen. Mit Salz, Pfeffer und der Hälfte des Zitronensafts würzen, dann die Petersilie unterziehen. Die Schalottenbutter beiseite stellen.

Die Störkoteletts unter fließendem Wasser abspülen, trockentupfen und mit Salz und Pfeffer würzen. Mit dem restlichen Zitronensaft beträufeln. Das Mehl in einen tiefen Teller sieben und die Störkoteletts darin wenden. Überschüssiges Mehl abklopfen.

Die Butter in einer Pfanne erhitzen und die Störkoteletts darin goldgelb braten. Kurz vor dem Servieren mit Schalottenbutter bestreichen. Nach Belieben zusammen mit in Butter geschwenktem Gemüse der Saison servieren. Mit Basilikum garnieren.

MARONENMOUSSE

500 g Maronen · 1/4 l Milch · ausgekratztes Mark von 1 Vanilleschote · 2 Blatt Gelatine
3 frische Eigelb · 100 g Zucker · 2 EL zerlassene Butter · 200 g Mascarpone
200 g geschlagene Sahne · Puderzucker zum Bestäuben · 8 frische Feigen

Die Maronen rundherum mit einem scharfen Messer einritzen und in etwas Wasser aufkochen. Abgießen und noch heiß schälen. Die Milch zusammen mit dem Vanilleschotenmark erhitzen. Die Maronen in die heiße Milch geben und darin weich kochen.

Anschließend abgießen, gut abtropfen lassen und durch ein Haarsieb streichen. Die Gelatine in kaltem Wasser einweichen. Eigelbe und Zucker im heißen Wasserbad schaumig schlagen. Die Gelatine ausdrücken, hinzufügen und unter Rühren in der warmen Eigelbmasse auflösen. Das Ganze aus dem Wasserbad nehmen und kalt rühren.

Die zerlassene Butter, den Mascarpone und die Maronenmasse unterrühren. Die geschlagene Sahne unterheben und die Mousse in eine Schüssel füllen. Für etwa 6 Stunden in den Kühlschrank stellen.

Die Feigen halbieren. Von der Mousse mit einem Eßlöffel kleine Nocken abstechen. Diese auf vorgekühlten Desserttellern anrichten. Mit Puderzucker bestäuben. Jeweils 4 Feigenhälften dazulegen.

POSTMEISTERESSEN

Casanova galt in seiner Zeit als einer der weitgereistesten Männer Europas. Über 50.000 Kilometer soll er im Laufe seines Lebens zurückgelegt haben. Das Reisen bildete seine Existenzgrundlage gleich den Empfehlungsschreiben, ohne die er das von ihm gewählte Leben nicht hätte führen können. Dabei entwickelte sich zur damaligen Zeit erst das Straßennetz, vor allem die Poststraßen und -stationen, sowie das Postkutschenwesen, von dem Casanova fleißig Gebrauch machte. In den Zeiten, in denen es ihm gut ging, leistete er sich eine teure eigene Kutsche. So manches Schäferstündchen mag in ihnen stattgefunden haben, denn Casanova ließ sich auf seinen abenteuerlichen Reisen gern von hübschen Mädchen begleiten.

Er erinnerte sich zum Beispiel an Redegonda, die er 1764 aus Wesel in seiner Kutsche »entführt« hatte. Obwohl die Mutter eifersüchtig über die Unschuld ihrer Tochter wachte, hatte er sich vorgenommen, sie für sich zu gewinnen.
Als er Redegonda gerade seine neue Chaise zeigte, fuhr der Kutscher unerwartet los, während die Mutter am Straßenrand zurückblieb.
Redegonda gefiel das Abenteuer … Die ganze Nacht fuhren sie durch, bis sie erschöpft in Lippstadt ankamen. Über Minden ging es weiter nach Hannover, wo sie sich in einem Hotel einmieteten. Das Glück dauerte nicht lange, denn mit der ersten nachfolgenden Postkutsche kam die außer sich geratene Mutter nachgereist. Nur mit Mühe konnte Casanova sie beruhigen.
Kurze Zeit später mußte er dann erfahren, daß seine Kutscheneroberung die Mätresse des hannoveranischen Erbprinzen Carl Wilhelm Friedrich geworden war.

1783 war Casanova mit keiner Frau, sondern seinem Bruder Francesco, einem berühmten Schlachtenmaler, auf Reisen.

Am 20. September 1783 war er unzufrieden und ruhelos in Paris angekommen. Auch sein Bruder war zu der Zeit nicht glücklich und ließ sich gern von Casanova zu einer Reise überreden. Sie fuhren zunächst nach Frankfurt, dann über Dresden nach Wien.
Am 6. Dezember 1783 erreichten sie die Poststation »Goldener Hirsch« in Emskirchen. Nur noch wenige Relais des 18. Jahrhunderts sind in ihrer ursprünglichen Form erhalten. Zu ihnen zählt die im herrlichen Steigerwald gelegene Thurn und Taxis'sche Poststation »Goldener Hirsch«.
1623 wurde Emskirchen bereits als Postort bestätigt. Durch ein Patent vom 30.12.1757 ernannte Fürst Alexander von Thurn und Taxis den Bierbrauer und Gastwirt Johannes Ekart zum Kaiserlichen Reichsposthalter in seinem Gasthof »Goldener Hirsch«.
Bis zum heutigen Tag hat sich hier kaum etwas verändert. Der »Goldene Hirsch« war damals – und ist heute noch –

berühmt für seine fränkische Küche, die auch Casanova schätzte.

Allerdings wollte er in keiner Poststation auf seine geliebte Bouillon verzichten, die er selbst in verschiedenen Variationen zu kochen verstand. Für ihn war die Bouillon ein allgemeines Kräftigungsmittel, das »*den Innereien diente, die Nerven kräftigte und vor allem den Allgemeinzustand stimulierte*«.
Als »Fortschritt der Küchenkunst« führte er seine eigenen Bouillontabletten mit, die er in jedem Wirtshaus und in jeder Poststation in heißem Wasser auflösen konnte. Seine Bouillon, ob frisch oder mit Würfeln zubereitet, mußte stets »*ganz hell und klar*« sein.

Viele Reisende mieden – sofern sie konnten – die Poststationen, denn die Verpflegung war oftmals unter aller Würde. Sogar die damaligen Reiseführer warnten vor den schlechten Verhältnissen. Die übliche Kost bestand aus Brot, Schwarzwurst, Sauerkraut, gepökeltem Speck, verdünntem Branntwein oder Bier.

Postmeister waren eben meistens keine Köche, deren Berufsbild Casanova so beschrieb:

Die Köche und Apotheker, alles ausgebildete Chemiker, gelten als bedeutende Persönlichkeiten, weil sie nicht nur die guten Kräuter und Pflanzen kennen, sondern auch die Kunst beherrschen müssen, ihre Düfte zur Geltung zu bringen und sie so zu mischen, daß neue Gerichte entstehen, deren Zusammensetzung niemand erraten kann. Um Küchenchef zu werden, muß man die Approbation eines naturwissenschaftlichen Kollegiums besitzen, dessen Mitglieder höchst gelehrt und sehr geachtet sind, und die alle Prüfungen in allgemeiner Pflanzenkunde abgelegt haben. So kommt es, daß große Köche sehr selten und sehr teuer und alle sehr reich sind.

Bei Postmeister Eckart durfte Casanova sich auf ausgezeichnetes Essen freuen, denn er war tatsächlich ein »großer« Koch. In dem Bestreben »hochwohlgeborenen Gästen« besonderes Essen zu kredenzen, könnten Casanova und sein Bruder Francesco in den Genuß einer besonders köstlichen Speisenfolge (Rezepte s. folgende Seiten) gekommen sein.

POSTMEISTERESSEN

nachgekocht von Andreas Bierschock,
Alte Poststation »Goldener Hirsch«, Emskirchen

Klare Bouillon à la Casanova
Geselchtes und Gesottenes von Kalb und Rind
Wildschweinekeule mit Schupfnudeln
Fränkische Pfannkuchen mit Apfelmarmelade

APHRODISISCHES

Zucker versüßt das Leben, und der ist hier zum Beispiel reichlich in der Apfelmarmelade enthalten. Viel Süßes zu essen wird allerdings auch als sexuelle Ersatzbefriedigung interpretiert …

Klare Bouillon à la Casanova

500 g Rinderknochen · 500 g saftiges Rindfleisch · 150 g Suppengrün · 1 Zwiebel
schwarze Pfefferkörner · 1 Lorbeerblatt · Salz · 2 Eiweiß · 2 EL feingehackte Petersilie

Die Rinderknochen unter fließendem Wasser gut waschen, dann in sprudelnd kochendem Wasser 3 Minuten kochen lassen. Auf ein Sieb schütten und abtropfen lassen. Rinderfleisch und -knochen in einen großen Topf geben, mit etwa 2 Liter kaltem Wasser auffüllen und das Ganze erhitzen. Bei mittlerer Hitze etwa 1 Stunde kochen lassen. Dabei wiederholt den aufsteigenden Schaum abschöpfen. Sobald kein Schaum mehr sichtbar ist (nach etwa 30 Minuten), den Topf bis auf einen Spaltbreit schließen und die Brühe leise köcheln lassen.

Das Suppengrün putzen, waschen und kleinschneiden. Die Zwiebel halbieren. Suppengrün, Zwiebelhälften, Pfefferkörner sowie Lorbeerblatt in den Topf geben und das Ganze nochmals etwa 45 Minuten kochen lassen.

Anschließend die Fleischbrühe durch ein feines Sieb abgießen und erkalten lassen. Die kalte Brühe in einen Topf geben, die Eiweiße mit dem Schneebesen kurz anschlagen und dann in die Brühe einrühren. Diese langsam wieder erhitzen, bis sich Eischaum an der Oberfläche bildet. Den Eischaum vorsichtig abnehmen und die Bouillon durch ein Passiertuch abgießen. Mit Salz abschmecken und mit Petersilie garnieren.

Geselchtes und Gesottenes von Kalb und Rind

300 g gebeizte und angeräucherte Kalbskeule · 300 g gebeizte und angeräucherte Rinderschulter
300 g gebeizter und angeräucherter Schweinenacken · 1 Lorbeerblatt · 4 Wacholderbeeren
1 Zwiebel mit Schale · 1 Prise Piment · 120 g Mostrich (Senf)
4 Roggenfladen oder Roggenbrötchen

Etwa 2,5 Liter Wasser in einem großen Topf zum Sieden bringen. Die Fleischstücke einlegen. Lorbeerblatt, Wacholderbeeren, Zwiebel sowie Piment hinzufügen. Das Ganze etwa 45 Minuten köcheln lassen.

Die Fleischstücke herausnehmen und abkühlen lassen. Dann jeweils in etwa 1 cm dicke Scheiben schneiden. Zusammen mit Mostrich und Fladenbrot oder Roggenbrötchen anrichten. Bier vom Faß dazu servieren.

Wildschweinkeule mit Schupfnudeln

Für die Beize:

½ l Wasser · 500 ml kräftiger Rotwein · 2 Lorbeerblätter · 5 schwarze Pfefferkörner · Salz

1 Zweig Thymian

Für die Wildschweinkeule:

300 g Wurzelgemüse (Karotten, Sellerie, Petersilie, Zwiebel) · 1 Wildschweinkeule (ca. 1,5 kg)

150 g Speck in Streifen · 60 g Butter · 3 EL Mehl

Für die Schupfnudeln:

1 kg mehligkochende Kartoffeln · 3 Eier · Salz · frisch geriebene Muskatnuß · 150 g Mehl

Butter zum Braten

Außerdem:

400 g Kirschkompott

Alle Zutaten für die Beize in einem Topf aufkochen, dann abkühlen lassen. Das Wurzelgemüse putzen bzw. schälen und in Scheiben schneiden. Die Wildschweinkeule kalt abspülen, trockentupfen und von allen sichtbaren Sehnen und Häuten befreien.

In einen großen Steingut-oder Porzellantopf eine Schicht Wurzelgemüse legen. Die Wildschweinkeule darauflegen, mit einer weiteren Schicht Wurzelgemüse abschließen. Die Beize darübergießen, so daß das Fleisch völlig bedeckt ist. Die Wildschweinkeule gut zudecken und 3 Tage an einem kühlen Ort ruhen lassen.

Anschließend das Fleisch herausnehmen, trockentupfen, mit Speckstreifen umwickeln und in der Hälfte der Butter in einer Kasserolle von allen Seiten gut anbraten. Mit der Beize ablöschen, das Wurzelgemüse beifügen und die Keule bei mittlerer Hitze zugedeckt in etwa 1 Stunde weich dünsten.

Während das Fleisch gart, die Schupfnudeln zubereiten. Die Kartoffeln in Wasser garen, pellen und noch heiß durch eine Kartoffelpresse in eine Schüssel drücken. Darin mit Eiern, Salz, Muskatnuß und Mehl vermengen. Aus dem Kartoffelteig kleine, etwa 5 cm lange Rollen formen, die an den Enden spitz zulaufen. Butter in einer Pfanne erhitzen und die Nudeln darin portionsweise goldbraun braten. Auf Küchenpapier abtropfen lassen und dann warm stellen.

Die Keule herausnehmen, in Alufolie einschlagen und warm stellen. Die Sauce durch ein feines Sieb passieren, dann erneut erhitzen. Die restliche Butter mit dem Mehl vermengen, die Mehlbutter mit einem Schneebesen unter die heiße Sauce arbeiten, bis sie glänzend und sämig ist.

Die Keule mit einem scharfen Messer in Scheiben schneiden. Die Scheiben jeweils mit heißer Sauce übergießen. Zusammen mit Schupfnudeln und Kirschkompott servieren.

Fränkische Pfannkuchen mit Apfelmarmelade

Für die Apfelmarmelade:

4 große Äpfel · 250 g Zucker · 2 EL Rum · 1 kleine Zimtstange · 2 Nelken

Für die Pfannkuchen:

100 g Mehl · 300 ml Milch · 2 Eier · 2 Eigelb · 2 EL Puderzucker

1 Messerspitze abgeriebene Schale einer unbehandelten Zitrone · 1 Prise Salz

4 EL flüssige Butter · Butter zum Ausbacken

Für die Apfelmarmelade die Äpfel schälen, halbieren, vom Kerngehäuse befreien und das Fruchtfleisch in 2 x 2 cm große Würfel schneiden. In einem Topf die Äpfel mit dem Zucker und dem Rum vermengen. Zimtstange sowie Nelken dazugeben und das Ganze erhitzen.

Alles etwa 15 Minuten köcheln lassen. Dann vom Herd nehmen, Zimtstange und Nelken entfernen. Die Marmelade noch lauwarm in vorbereitete Gläser abfüllen.

Mehl, Milch, Eier und Eigelbe zu einem glatten Teig verrühren. Die übrigen Zutaten unterrühren, zuletzt die Butter dazugeben. Den Teig etwa 10 Minuten ruhen lassen.

Aus dem Teig in einer Pfanne in Butter dünne Pfannkuchen ausbacken. Fertige Pfannkuchen im Ofen bei 50 °C warm halten. Die heißen Pfannkuchen zusammen mit der Apfelmarmelade servieren, damit sich jeder seine Pfannkuchen selbst damit bestreichen kann.

DIE ÖSTERREICHER SIND ALS GROSSE FEINSCHMECKER BEKANNT

Casanova besuchte Wien mehrmals; ihm gefiel das ausgezeichnete Essen, weniger die Erschwerung von Liebschaften durch »Keuschheitskommissare«. Er schreibt in seinen Memoiren:

Ganz Wien war schön, viel Geld und Luxus, aber die Frömmelei der Kaiserin (Maria Theresia) erschwerte Cytheres (Beiname der Göttin Venus) Freuden sehr, namentlich den Fremden. Eine Schar elender Spione, die den schönen Namen »Keuschheitskommissare« trugen, war gegen alle Dirnen erbarmungslos. Die Kaiserin besaß gegenüber den sogenannten illegitimen Liebschaften nicht die erhabene Tugend und Toleranz. Fromm bis zur Frömmelei, glaubte sie sich bei Gott ein großes Verdienst zu erwerben, wenn sie die natürliche Neigung beider Geschlechter bis ins kleinste verfolgte … Sie pflegte zu sagen … »ich will nicht, daß man den Fortpflanzungstrieb anders betätigt, als in guter rechtmäßiger Ehe … Ich weiß zwar, daß man in dieser Hinsicht in Rom sehr nachsichtig ist … dort hat jede Eminenz … ihre Geliebte. Aber in Rom macht man dem Klima Zugeständnisse, die ich hier nicht nötig habe, wo Wein und Pfeife alle Freuden ersetzen«. Die Herrscherin hätte hinzufügen können: »Und die Tafelfreuden«, denn die Österreicher sind als große Feinschmecker bekannt.

Bei seinem zweiten Wienbesuch 1766 beugte Casanova schon mal der Gefahr vor, in Liebesdingen zu kurz zu kommen: Er reiste mit seiner Geliebten an, die er im Gasthaus »Zum roten Ochsen« als »Modehändlerin Blasin« vorstellte. Er speiste mit ihr ganz ausgezeichnet (Rezepte s. folgende Seiten), wurde aber prompt – nach einer gemeinsam verbrachten Nacht – von den »Keuschheitskommissaren« zur Rede gestellt. Casanova berichtet, was weiter geschah:

Um acht Uhr kam der Wirt herauf und sagte, er habe Befehl erhalten, ihr ein anderes Zimmer zu geben, das nicht neben dem meinen liege, und er müsse gehorchen … Ich fragte ihn, ob sie auch allein zu Abend speisen müsse, und er antwortete, darüber habe er keinen Befehl erhalten. Darauf sagte ich ihm, ich würde mit ihr soupieren … Trotz dieser unverschämten Polizei habe ich die ganzen vier Nächte, die sie noch in Wien blieb, mit ihr gegessen und geschlafen.

Damit war ein nicht unbedeutender Teil von Casanovas Welt – Liebe und gutes Essen – zunächst wieder in Ordnung.

Die »moralischen Mißstände« in Wien regten ihn auf:

Zu jeder Tageszeit wurden in allen Straßen Wiens die armen, alleinstehenden Mädchen, die oft nur ausgingen, um ehrlich ihr Brot zu verdienen, aufgegriffen und ins Gefängnis gesteckt. Denn wie sollte

man wissen, ob ein Mädchen zu jemandem ging, um sich trösten zu lassen …? Das war eine schwierige Sache.
Einer der zahllosen Polizeispitzel folgte ihr, und da diese Halunken keine Uniform trugen, waren sie nicht zu erkennen.
Betrat ein Mädchen ein Haus, so wartete der Spion, der ihm gefolgt war, vor der Tür und hielt es beim Herauskommen an, um es auszufragen. Schien die arme Unglückliche betroffen, … so führte er sie ins Gefängnis ab und nahm ihr zunächst das Geld und die Schmucksachen weg, die sie etwa hatte, und die sie nie zurückbekam.

Wien war in dieser Hinsicht das wahre Eldorado privilegierter Diebe. Das einzige Mittel, durch das sich die Mädchen der Belästigung entziehen konnten, war, gesenkten Hauptes und mit einem Rosenkranz in der Hand auf der Straße zu gehen; denn alsdann durfte dies Gesindel sich nicht erlauben, sie ohne weiteres zu verhaften, konnten sie doch zur Kirche gehen! …

Dieser Pakt machte den Aufenthalt in Wien für den Fremden höchst lästig, denn es war sehr schwer, das geringste Bedürfnis zu befriedigen, ohne sich Scherereien auszusetzen.

Um die Sitten zu studieren, aß ich bald hier, bald dort.

Dennoch sollte Casanova von einem 12- bis 13jährigen Mädchen verführt werden. Sie wurde als Lockvogel auf ihn angesetzt. Man bestahl ihn und man zeigte ihn an. Casanova hatte zwar den kriminellen Auftrag durchschaut, wurde aber kurze Zeit darauf zum Statthalter gerufen, der ihn wegen »verbotener Glücksspiele« des Landes verwies.
Den Gaunern wurde mehr geglaubt als ihm, aber Casanova ließ sich diese Behandlung nicht so einfach gefallen. Er beschwerte sich beim Premierminister mit der Bitte, den Vorfall der Kaiserin vorzutragen. Die Kaiserin sah sich jedoch genötigt, den Statthalter in Schutz zu nehmen und gewährte Casanova nur noch einen befristeten Aufenthalt. Um Schlimmeres zu vermeiden, war er gezwungen, abzureisen.

1783 kam er nochmals nach Wien, wo er ab 1784 als Sekretär des venezianischen Botschafters Foscanini arbeitete. Hier hatte er schließlich die schicksalshafte Begegnung mit dem Grafen Waldstein, der ihm eine Stelle als Bibliothekar in Dux anbot.
Als der Gesandte 1785 starb, versuchte Casanova zunächst – vergeblich – eine Anstellung in Berlin zu finden. Im September nahm er schließlich das Angebot von Graf Waldstein an. In Dux begann er dann 1789/1790 die berühmt gewordene »Geschichte meines Lebens« niederzuschreiben.

Menü

nachgekocht von Rainer Frühwald,
»Grand Hotel Sauerhof«, Baden bei Wien

Frittatensuppe
Gänseleber in Trüffelsauce · Fischpflanzl
Rinderhüfte à la Maria Theresia
Topfenstrudel

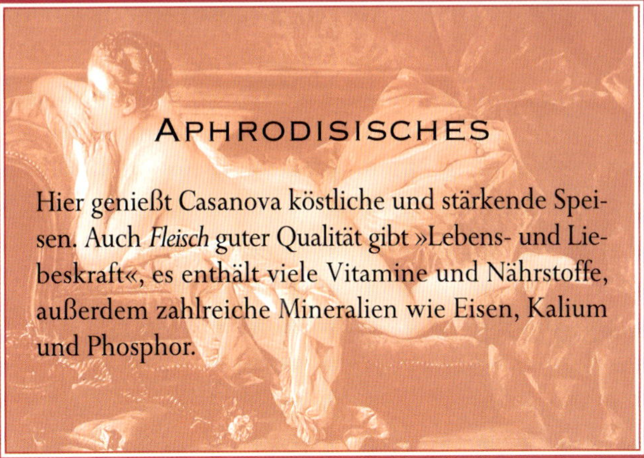

Aphrodisisches

Hier genießt Casanova köstliche und stärkende Speisen. Auch *Fleisch* guter Qualität gibt »Lebens- und Liebeskraft«, es enthält viele Vitamine und Nährstoffe, außerdem zahlreiche Mineralien wie Eisen, Kalium und Phosphor.

FRITTATENSUPPE

4 EL Butter · 100 g Mehl · 1 Ei · 250 ml Milch · Salz · frisch geriebene Muskatnuß
2 EL feingehackte Petersilie · 1 l Kalbs- oder Rinderbouillon · 3 EL feingehackter Schnittlauch

Die Hälfte der Butter erhitzen und etwas bräunen lassen. Mehl, Ei und Milch kräftig verquirlen. Die braune Butter hinzufügen. Salz und Muskatnuß unterrühren, dann die Petersilie daruntermischen. Den Teig 10 Minuten ruhen lassen.

Aus dem Teig in der restlichen Butter dünne Pfannkuchen ausbacken. Diese abkühlen lassen, dann einzeln aufrollen und in sehr dünne Streifen schneiden. Die Kalbs- oder Rinderbouillon erhitzen und die Frittaten als Einlage hineingeben. Mit Schnittlauch bestreuen.

Gänseleber in Trüffelsauce

Für die Trüffelsauce:

5 EL Butter · 2 EL Mehl · 250 ml Geflügelfond (Fertigprodukt) · 250 ml Madeira

250 ml Trüffelsaft (Fertigprodukt, im Handel als »jus des truffes prémiere cuisson« erhältlich)

Außerdem:

200 g Gänseleber · Salz · Pfeffer aus der Mühle · Blattsalate zum Garnieren

Für die Trüffelsauce 2 Eßlöffel Butter erhitzen, das Mehl dazusieben und darin hellgelb anschwitzen. Unter ständigem Rühren den Geflügelfond dazugeben, das Ganze leise köcheln lassen.

In einem anderen Topf Madeira und 125 ml Trüffelsaft erhitzen, aufkochen und auf die Hälfte einkochen lassen. Mit einem Schneebesen die weiße Sauce unterziehen. Das Ganze nochmals auf etwa ein Drittel einkochen lassen.

In der Zwischenzeit die Gänseleber salzen, pfeffern und in 2 Eßlöffeln Butter braten. Nun den restlichen Trüffelsaft und die restliche Butter unter die Sauce ziehen. Die Leber in Scheiben schneiden und auf frischen Blattsalaten anrichten, mit etwas Trüffelsauce überziehen.

Fischpflanzl

1 rote Paprikaschote · 1 Schalotte · 3 große Blätter Basilikum · 1 Bund Petersilie
60 g Butter · 200 g Zanderfilet · Salz · Pfeffer aus der Mühle · 300 ml trockener Weißwein
3 EL geschlagene Sahne · Cocktailtomaten zum Garnieren

Die Paprikaschote halbieren, von Stielansatz, Kernen sowie weißen Trennwänden befreien und das Fruchtfleisch sehr fein würfeln. Die Schalotte schälen und ebenfalls fein würfeln. Basilikum und Petersilie waschen, trockenschütteln und jeweils fein hacken.

In 2 kleinen Töpfen jeweils $^1/_2$ Eßlöffel Butter erhitzen, in einem Topf die Paprikaschote, in dem anderen die Schalotte weich dünsten.

Inzwischen das Zanderfilet waschen, trockentupfen, mit einer Pinzette entgräten und grob würfeln. Die Würfel fein pürieren.

Das Zanderpüree in eine Schüssel geben, darin mit Paprikaschotenwürfeln und Basilikum vermengen. Die Masse salzen und pfeffern, dann kleine Laibchen daraus formen. Die Laibchen in 3 Eßlöffeln Butter von beiden Seiten knusprig braten.

Die Petersilie auf ein Sieb geben, für 1 Minute in kochendes Wasser halten, dann sofort in Eiswasser tauchen. Die Petersilie zur Schalotte geben, kurz andünsten, bis Petersilenduft aufsteigt. Mit dem Weißwein ablöschen und die Sauce kurz köcheln lassen. Dann die geschlagene Sahne unterziehen. Die Sauce kräftig aufschlagen, dann zusammen mit den Fischpflanzl servieren. Mit Cocktailtomaten garnieren.

Rinderhüfte à la Maria Theresia

Für das Filet:

2 EL Öl · 350 g Rinderfilet

Für das Schmorgemüse:

2 Karotten · 1 Zwiebel · 1 Scheibe Hamburger Speck · 250 ml Kalbsfond (Fertigprodukt)

1 Zweig Thymian · 1 Lorbeerblatt

Für die Rotweinschalotten:

6 Schalotten · 1 Knoblauchzehe · 4 EL Butter · 1 Prise Zucker · schwarze Pfefferkörner

1 Lorbeerblatt · 1 Zweig Rosmarin · 2 Wacholderbeeren · 250 ml kräftiger Rotwein

Außerdem:

150 ml trockener Weißwein · 200 ml Rinderfond (Fertigprodukt) · 3 EL saure Sahne

saure Sahne zum Garnieren

Den Backofen auf 250 °C vorheizen. Das Öl in einem Bräter erhitzen und das Filet darin von allen Seiten anbraten. Anschließend in den Ofen geben und 30 bis 35 Minuten garen. Dabei alle 10 Minuten wenden.

Während das Fleisch gart das Schmorgemüse zubereiten. Karotten und Zwiebel schälen, jeweils fein würfeln. Die Speckscheibe in einer Pfanne auslassen und Karotten sowie Zwiebel darin andünsten. Sobald das Gemüse glasig ist, den Kalbsfond angießen. Die Pfanne mit einem Deckel verschließen, Thymian und Lorbeerblatt zufügen und das Gemüse bei mittlerer Hitze schmoren lassen.

Für die Rotweinschalotten die Schalotten und den Knoblauch schälen. 3 Eßlöffel Butter erhitzen und den Zucker darin karamelisieren lassen. Schalotten dazugeben, ebenso Pfefferkörner, Lorbeer, Knoblauch, Rosmarin und Wacholder. Mit Rotwein ablöschen und die Schalotten zugedeckt bei mittlerer Hitze schmoren lassen.

Das Filet aus dem Bräter nehmen, in Alufolie einschlagen und ruhen lassen. Den Bratensatz mit Weißwein ablöschen, den Rinderfond angießen und das Ganze einkochen lassen.

Dann saure Sahne und restliche Butter mit einem Schneebesen unterarbeiten.

Das Fleisch in Scheiben schneiden. Diese zusammen mit Rostgemüse und Rotweinschalotten anrichten. Nach Belieben Pellkartoffeln dazu reichen. Mit saurer Sahne garnieren.

TOPFENSTRUDEL

Für den Teig:

300 g Mehl · 135 ml lauwarmes Wasser · 1 Prise Salz · 160 g Butter · Mehl für das Tuch

Für die Füllung:

1 kg Magerquark · 75 g Rosinen · 150 g weiche Butter · 125 g Zucker

ausgekratztes Mark von 1 Vanilleschote · 2 frische Eigelb · 1 EL brauner Rum

abgeriebene Schale von 1/2 unbehandelten Zitrone · 2 Eiweiß

Außerdem:

Butter für das Blech · 250 ml heiße Milch · Puderzucker zum Bestäuben

Für den Teig das Mehl auf ein Brett sieben, in die Mitte eine Vertiefung drücken. Lauwarmes Wasser und Salz in die Vertiefung geben. Die Butter zerlassen, 2 Teelöffel davon abnehmen, den Rest in die Vertiefung gießen. Das Ganze mit beiden Händen zu einem glatten Teig verkneten. Den Teig zur Kugel formen, mit der zurückbehaltenen Butter bestreichen und unter einer vorgewärmten Schüssel 1 Stunde ruhen lassen.

In der Zwischenzeit die Füllung zubereiten. Den Quark in einem Tuch auspressen, dann durch ein feines Sieb streichen. Die Rosinen waschen und abtropfen lassen. Butter, Zucker und Vanilleschotenmark schaumig rühren.

Die Eigelbe und den Quark zufügen, das Ganze gründlich verrühren. Dann Rosinen, Rum und Zitronenschale daruntermengen. Die Eiweiße steif schlagen und mit einem Schneebesen unter die Quarkmasse ziehen.

Ein Küchentuch mit Mehl bestäuben und den Teig darauf dünn ausrollen. Den Backofen auf 200 °C vorheizen. Den Teig mit Mehl bestäuben und mit beiden Händen vorsichtig auseinanderziehen, bis er nahezu durchsichtig ist.

Die Quarkmasse in der Mitte der Teigplatte gleichmäßig verstreichen. Dabei an den Seiten ausreichend Platz lassen, damit beim Aufrollen keine Füllung austritt. Den Teig nun mit Hilfe des Tuches aufrollen, die Strudelseiten vorsichtig zusammendrücken.

Den Strudel auf ein mit Butter bestrichenes Blech setzen und im Ofen etwa 1 Stunde backen. Sobald er beginnt, etwas Farbe zu nehmen (nach etwa 20 Minuten) die heiße Milch darübergießen und den Strudel fertig backen. Anschließend herausnehmen, in Portionen schneiden und diese mit reichlich Puderzucker bestäuben. Noch heiß servieren. Dazu einen türkischen Kaffee reichen.

KREBSSUPPE UND DANN STERBEN

Casanova war ein Suppenliebhaber par excellence. Ohne Suppe verlor er die Lebenslust, ohne Suppe wurde er krank. Und ohne Suppe wäre der damals todkranke Häftling der Bleikammern nicht wieder gesund geworden. Als eine seiner großen Lieben, Manon, ihm die Freundschaft aufkündigte, hütete er tagelang das Bett und meinte:

Ich bin sehr krank, denn ich habe nur wenig Fleischbrühe genossen.

Sein Aufenthalt in England 1763/64 stand gleich zu Beginn unter einem schlechten Stern, denn die Engländer konnten keine Suppe kochen! Verschiedene Umstände machten ihn tief unglücklich, so daß er sich sogar in die Themse stürzen wollte. Ein Freund wollte ihn trösten und ablenken und versprach, ein galantes Essen mit einer Engländerin und einer Französin zu arrangieren. Aber es war ein englisches Essen, und es gab ... keine Suppe!
Seine Stimmung sank wiederum auf den Nullpunkt. Um ihn aufzuheitern, schlug sein Freund vor, mit den Mädchen ganz nackt den »Hornpipe« zu tanzen.

Ich sagte, ich würde alles tun, aber ich könne weder tanzen ... noch die Wirkung zeigen, die die Reize der beiden Mädchen eigentlich auf mich haben müßten. Man befreite mich unter der Bedingung, daß ich mitmachen würde, falls mich der Anblick zum Leben erweckt und sie schworen mir, sie würden es bemerken. Die Schönen und der fünfundzwanzigjährige Athlet versetzten sich in den Naturzustand und das Schauspiel begann ... Die drei Körper waren prachtvoll, der Tanz, die Anmut, die Bewegungen verführerisch, aber keine Regung zeigte mir, daß ich dafür empfänglich war ... Nach dem Tanz beglückte er zuerst die eine, dann die andere und hörte erst auf, als die ruhebedürftige Natur ihn dann unfähig machte. Die Französin kam zu mir, um nachzusehen, ob ich irgend ein Lebenszeichen von mir gäbe. Als sie mich untüchtig fand, meinte sie, um mich sei es geschehen.

Ja, hätte Casanova eine Suppe bekommen ...!

Hier tritt der für Casanova ungewöhnliche Fall ein, daß Essen wichtiger ist als Liebe, ja Liebe ohne ein bestimmtes Essen gar nicht möglich wird. Hier wäre ein Lustmahl für Casanova nötig gewesen, ein Mahl, das diesmal Casanova zur Liebes- und Lebenslust verführt hätte.

Damit er in den Gasthöfen in Zukunft von dem schlechten englischen Essen verschont blieb, mietete er sich in London ein teures Haus und stellte einen Koch ein.

Man lachte, als ich sagte, ich äße zu Hause, da ich in den Gasthöfen keine Suppe bekäme. Man fragte mich, ob ich krank sei. Der Engländer ist ein Hammelfleischesser. Er ißt fast kein Brot und bildet

sich ein, wirtschaftlich zu handeln, wenn er die hohen Ausgaben für Suppe und Nachtisch einspart. Ich antwortete darauf immer, daß das englische Essen für mich weder Anfang noch Ende habe. Die Suppe gilt in England als zu kostspielig, weil nicht einmal die Dienstboten das Fleisch essen wollen, aus dem man die Brühe bereitet. Sie sagen, es ist nur gut für die Hunde.

Casanovas Lieblingssuppe war zweifelsohne die Bouillon – gefolgt von der Flußkrebssuppe, die schon seine Mutter geliebt hatte.
Krebssuppe muß wohl eine seiner letzten Mahlzeiten gewesen sein, wie aus dem Brief hervorgeht, den er am 1. Juni 1798 von Schloß Dux an seine getreue Briefpartnerin Elisa von der Recke schrieb:

Wohltätige Elisa, ich habe die Suppenwürfel erhalten. Wenn sie mich wieder hergestellt haben, werde ich Ihnen gehören; aber was werden Sie mit mir tun? Ich kann weder lesen noch schreiben und könnte Ihnen nicht einmal mehr Nachricht von meiner Existenz geben, wäre nicht mein Neffe bei mir … Leben Sie wohl, anbetungswürdige Elisa, ich bleibe Ihr aufrichtig ergebener Casanova.

Im Zusatz zu diesem Brief ist unter PS vermerkt:

Ich nehme mir die Freiheit, Ihnen mitzuteilen, daß mein armer Onkel im Sterben liegt; er wollte unterschreiben, hat aber nicht mehr die Kraft dazu.

Die berühmte Dichterin Elisa von der Recke (1754 -1833), die Goethe, Theodor Körner, Anselm Feuerbach und Jean Paul zu ihren Freunden zählte, gab dem seit langem leidenden Casanova (mögliche Todesursache war die Vergiftung des Körpers durch ein Prostataleiden) liebevolle schriftliche Lebenshilfe, denn ihre Besuche lehnte er ab.

Ebensowenig wünschte er den Besuch der zweiundzwanzigjährigen Cäcilie von Roggendorf, die ihn, den alten Mann, hingebungsvoll liebte. Mit seiner jugendlichen Verehrerin entwickelte sich ein reger Schriftverkehr.

Sie schreibt am 25. Juni 1797: »*… Oh, teuerster Freund … wie wertvoll mir das Vertrauen ist, das ich in mir wachsen fühle, wenn ich Ihre Zeilen nochmals lese, welche Reinheit der Sitten entdecke ich in Ihnen, welche Richtigkeit der Grundsätze, eine Feinheit des Geistes, ein Taktgefühl, das mich entzückt …*«

Menü

nachgekocht von Andreas Pfeifer,
»Dorint«, Chemnitz

Gemüsesuppe mit Pesto
Muschelsuppe
Olla podrida
Flußkrebssuppe

Bis zum Schluß ist Essen für Casanova auch innere Stärkung, Seelenspeise. Er kann das Essen noch genießen, während er auf den Tod wartet, den er haßt.

Der Tod ist ein Ungeheuer, das einen aufmerksamen Zuschauer aus dem Welttheater vertreibt, noch bevor das Stück, das ihn ungeheuer fesselt, zu Ende ist. Dieser Grund allein müßte schon genügen, um ihn zu verabscheuen.

Sein letzter Wunsch, zur Stärkung des Magens Biskuits zu erhalten, blieb unerfüllt.

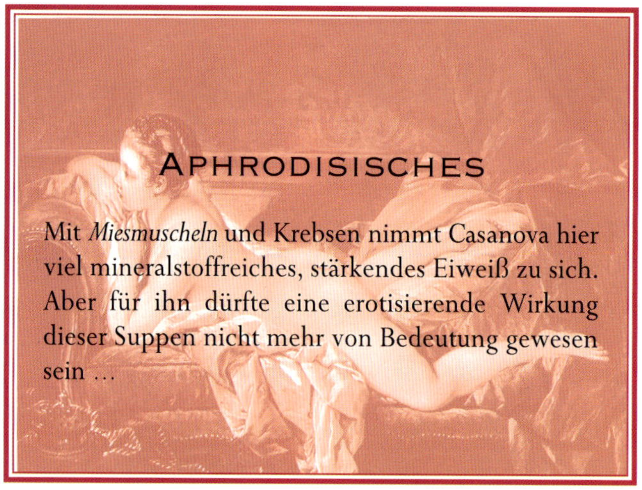

Aphrodisisches

Mit *Miesmuscheln* und Krebsen nimmt Casanova hier viel mineralstoffreiches, stärkendes Eiweiß zu sich. Aber für ihn dürfte eine erotisierende Wirkung dieser Suppen nicht mehr von Bedeutung gewesen sein …

Gemüsesuppe mit Pesto

Für das Pesto:

100 g Basilikum · Salz · 1 Knoblauchzehe · 3 EL Pinienkerne · 3 EL frisch geriebener Parmesan
3 EL geriebener Pecorino (italienischer Hartkäse aus Schafsmilch) · 10 EL gutes Olivenöl

Für die Gemüsesuppe:

300 g frische Borlotti-Bohnen · 4 kleine festkochende Kartoffeln · 2 Karotten
2 kleine Stangen Lauch · 2 Stangen Staudensellerie · 2 kleine Zucchini · 1 Zwiebel · Salz
6 EL gutes Olivenöl · 2 Tomaten · 50 g Borretsch · 150 g Suppennudeln · Pfeffer aus der Mühle
4 EL frisch gehobelter Parmesan

Für das Pesto das Basilikum waschen, trockenschütteln, die Blätter von den Stielen zupfen und grob zerteilen. Die Knoblauchzehe schälen. Basilikum, Knoblauch, 1 Prise Salz und Pinienkerne in einem Mörser zu einer ganz glatten Paste verarbeiten.

Nach und nach die Käsesorten untermischen, dabei mehrmals etwas Öl hinzufügen. Das restliche Öl in einem dünnen Strahl dazugeben, dabei ständig rühren. So lange rühren, bis eine glatte, sämige Sauce entstanden ist.

Die Bohnen aushülsen. Kartoffeln, Karotten, Lauch, Sellerie, Zucchini und Zwiebel schälen bzw. putzen und waschen. Die Gemüsesorten in Scheiben schneiden. In einem großen Topf etwa 2 Liter Wasser zum Kochen bringen, salzen.

Das vorbereitete Gemüse hineingeben. 4 Eßlöffel Olivenöl einrühren und den Topf mit einem Deckel verschließen. Das Ganze etwa 30 Minuten bei milder Hitze köcheln lassen. Die Tomaten über Kreuz einritzen, auf einer Schaumkelle kurz in kochendes Wasser halten, dann von Stielansätzen befreien, enthäuten, entkernen und das Fruchtfleisch grob zerteilen. Die Borretschblätter waschen und hacken. Beides nach 30 Minuten Garzeit in den Topf geben. Die Suppe nochmals 15 Minuten köcheln lassen.

Kurz vor Ende der Garzeit die Suppe nochmals richtig aufkochen, die Suppennudeln hineingeben und bißfest garen. 2 Eßlöffel Pesto mit einem Schöpflöffel heißer Brühe mischen und in die Suppe rühren.

Die Suppe in Teller füllen. Jede Portion mit Pfeffer übermahlen, mit etwas Olivenöl beträufeln und mit gehobeltem Parmesan bestreuen. Das restliche Pesto dazustellen, damit sich jeder nach Belieben bedienen kann.
(auf dem Foto Seite 145)

MUSCHELSUPPE

2 kg frische Miesmuscheln · 1 mittelgroße Karotte · 2 Frühlingszwiebeln · 50 g Sellerie
1 Bund glatte Petersilie · 2 Knoblauchzehen · 3 EL Olivenöl · 200 ml trockener Weißwein
200 ml Fleischbrühe · Salz · 1 EL Butter · 1 EL Mehl · 1 Zitrone · 8 kleine Weißbrotscheiben

Die Muscheln unter fließendem Wasser gründlich abbürsten. Bereits geöffnete Muscheln wegwerfen. Die Karotte schälen und in dünne Stifte schneiden. Die Frühlingszwiebeln putzen, waschen und in Streifen schneiden. Den Sellerie schälen und in dünne Stifte schneiden. Die Petersilie waschen und grob hacken. Die Knoblauchzehen abziehen.

In einem großen Topf das Olivenöl erhitzen. Die Knoblauchzehen hineinpressen. Das Gemüse und die Hälfte der Petersilie zufügen und andünsten.

Die Muscheln tropfnaß dazugeben und so lange garen, bis sich die Schalen geöffnet haben (das dauert etwa 5 Minuten). Weißwein und Brühe angießen, salzen und alles zugedeckt in etwa 10 Minuten fertig garen.

Die Muscheln mit einem Schaumlöffel herausnehmen. Dabei solche, die sich beim Kochen nicht geöffnet haben, aussortieren und wegwerfen. Butter und Mehl verkneten, in den Sud geben und unter Rühren darin auflösen. Den Sud abschmecken. Die Zitrone achteln, das Weißbrot im Toaster rösten.

Die Muscheln in eine Suppenterrine geben und mit dem Sud übergießen. Mit der restlichen Petersilie bestreuen. Zitronenachtel und geröstetetes Weißbrot dazu servieren.

Olla Podrida

200 g getrocknete grüne Erbsen · 100 g Kalbsfuß · 100 g Schweinefuß · 100 g Hammelfuß
400 g Tafelspitz (Rinderschwanzstück) · 1 kleines küchenfertiges Suppenhuhn
200 g geräucherter Speck · 3 geräucherte Kochwürste · 300 g Gemüse der Saison
Salz · Pfeffer aus der Mühle

Die getrockneten Erbsen über Nacht in Wasser einweichen. Am nächsten Tag abgießen.

Die gesamten Fußstücke in kleine Stücke hacken, in sprudelnd kochendes Wasser geben und etwa 3 Minuten blanchieren. Dann auf ein Sieb schütten und kalt abspülen. Die Fußstücke in einen großen Topf legen, mit reichlich kaltem Wasser auffüllen und das Ganze sehr langsam zum Kochen bringen.

Danach den Tafelspitz und das kleine Suppenhuhn hinzufügen. Nach etwa 1 Stunde Garzeit die abgeschütteten grünen Erbsen dazugeben. Nach 1 weiteren Stunde den Speck hinzufügen.

Das Gemüse putzen bzw. schälen, waschen und in etwa 1 x 1 cm große Würfel schneiden. Etwa 30 Minuten bevor das Huhn, das Fleisch und die Füße gar sind, das Gemüse und die geräucherten Kochwürste hinzufügen. Alles noch einmal zum Kochen bringen und mit Salz und Pfeffer würzen. Alles in allem sollte die Olla podria etwa 4 Stunden leise köcheln.

Fleisch, Füße, Gemüse und Wurst mit einem Schaumlöffel aus der Brühe nehmen und in einer vorgewärmten Schüssel anrichten. Die Brühe separat dazu reichen.

Hinweis:
Die Olla podria ist ein spanisches Eintopfgericht, das regional unterschiedlich zubereitet wird. Es enthält jedoch immer mehrere Fleisch- und Wurstsorten und Gemüse der Saison. Traditionell wird das Gericht in einem tönernen Topf, der Olla, geschmort und auch darin serviert. Sollten Sie einen Römertopf besitzen, können Sie die Olla auch darin garen.

Flusskrebssuppe

24 lebende Flußkrebse · 80 g Röstgemüse (Karotte, Sellerie, Lauch) · 2 EL Butter
2 EL Tomatenmark · 3 EL Cognac · 50 ml trockener Weißwein
600 ml Fischfond (Fertigprodukt) · 400 ml Bouillon · 3 EL Reismehl · Salz · Pfeffer aus der Mühle
1 frisches Eigelb · 50 g Sahne · 3 EL Crème fraîche · Dillspitzen zum Garnieren

Die Krebse in ein mit frischem kaltem Wasser gefülltes Gefäß setzen, das Gefäß abdecken. Das Gemüse putzen bzw. schälen und fein würfeln.

In einem großen Topf reichlich Wasser zum Kochen bringen. Sobald es sprudelnd kocht, die Krebse mit dem Kopf voraus hineingeben, etwa 1 Minute im Wasser belassen (die Krebse sterben innerhalb weniger Sekunden, eventuell in mehreren Etappen arbeiten, damit die Krebse auch sofort von kochendem Wasser umgeben sind), dann abgießen und abtropfen lassen.

Die Krebsschwänze mit einer drehenden Bewegung vom Körper abziehen, das Schwanzfleisch auslösen und jeweils den dunklen Darm entfernen.

Das Fleisch aus den Scheren lösen und zerdrücken, das Schwanzfleisch für die Einlage beiseite legen. Die Schalen und die Panzer gründlich waschen, von Geweberesten befreien und im Mörser zerstoßen. Beiseite stellen.

Die Butter in einem Topf erhitzen und das Gemüse darin andünsten, dann das Tomatenmark einrühren. Mit Cognac ablöschen, den Alkohol kurz einkochen, dann den Weißwein angießen.

Mit Fischfond und Bouillon auffüllen und etwa 10 Minuten kochen lassen. Zerstoßene Schalen und Panzer der Krebse hinzufügen und die Suppe etwa 10 Minuten köcheln lassen. Dann durch ein feines Sieb passieren.

Die Suppe erneut erhitzen. Etwa 3 Eßlöffel abnehmen und das Reismehl damit glattrühren. Die Mischung in die Suppe rühren, einmal aufkochen lassen, bis die Suppe gebunden ist. Mit Salz und Pfeffer abschmecken.

Das Eigelb mit der Sahne verquirlen, die Suppe vom Herd nehmen und die Eigelb-Sahne-Mischung unterziehen. Zerdrücktes Krebsfleisch und die Krebsschwänze einlegen. Die Suppe in einer vorgewärmten Terrine servieren. Mit der Crème fraîche und Dillspitzen garnieren.

KÖCHE UND HOTELS STELLEN SICH VOR

Warten wir bis nach dem Souper

Ernst-Ulrich Schassberger ist Präsident der »Eurotoques«, der »Europäischen Union der Spitzenköche«. Diese Organisation wurde 1986 von Jacques Delors, Pierre Romeyer und Paul Bocuse gegründet. Ihr gehören die besten Köche an, die sich für unverfälschte Naturprodukte, einwandfreie Zutaten, gute Geschmackskompositionen und für die Bewahrung der in Jahrhunderten gewachsenen kulinarischen Tradition einsetzen.
Der mehrfach ausgezeichnete Küchenmeister Schassberger hat sich nicht nur in Deutschland einen Namen gemacht. Er versteht es, sein Kur- und Sporthotel als Musterbeispiel der Gastlichkeit zu leiten.

Kur- und Sporthotel, Ebnisee. Mitten im Landschaftsschutzgebiet »Naturpark Schwäbischer Wald« liegt das Kur- und Sporthotel auf 500 m Höhe direkt am Ebnisee. Es verfügt über alle Einrichtungen eines First-Class-Hotels. Mit ansprechenden Räumlichkeiten präsentieren sich drei verschiedene Restaurants, in denen man von der herzhaften schwäbischen Küche bis hin zu besonderen kulinarischen Spezialitäten die einmalige Kreativität des Chefs spürt.
Anschrift: Schassbergers Kur- und Sporthotel, Winnender Str. 10 + 11, 73667 Ebnisee
Tel.: 07184/292102, Fax: 07184/292204

Makkaroni öffneten die Bleikammern

Christian Heumacher war stellvertretender Küchenchef im Landgasthof Karner in Frasdorf (1 Michelin-Stern), bevor er 1996 als Küchenchef in den »Sächsischer Hof« kam. Er arbeitete in namhaften Restaurants in Deutschland und der Schweiz, machte seinen Küchenmeister und beweist mit großer Freude seinen Einfallsreichtum in der heimischen Küche. An dem Buch »Die Sächsische, Thüringer und Sachsen-Anhaltinische Meisterküche« hat er sich engagiert beteiligt.

Romantik Hotel »Sächsischer Hof«, Meiningen: 1798, als Casanova starb, legte man in Meiningen den Grundstein zu einem Logierhaus. Ab 1843 wurde es als »Herzoglich Sachsen-Meiningen Fürstlich Thurn und Taxische Lehenpost« benutzt. Berühmte Persönlichkeiten wie Hans von Bülow, Johannes Brahms, Franz Liszt oder Theodor Fontane machten hier Station. Das gepflegte Haus unter der Leitung von Peter Henzel mit seinen großzügig eingerichteten Zimmern und Suiten sowie seinen teilweise historisch eingerichteten Gasträumen ist heute in Thüringen eine ganz besondere Adresse.
Anschrift: Romantik Hotel »Sächsischer Hof«, Georgstr. 1, 98617 Meiningen
Tel.: 03693/4570, Fax: 03693/457401

Speisen wie am Hofe Ludwigs XV

Andrej Kuhar wurde in Slowenien geboren. Nach seiner Ausbildung als Koch kam er 1970 nach Deutschland, wurde Küchenmeister und machte aus dem Gasthof Fäth in Steinbach ein bekanntes Gourmet-Restaurant. Er erhielt die Goldmedaille der IHK, einen Michelin-Stern und 17 von 20 Punkten im »Gault Millau«. Kuhar ist seit April 1996 Chef des Hauses »Die Weyberhöfe«, das innerhalb kurzer Zeit zu einem wahren Geheimtip für Gourmets wurde.

»Die Weyberhöfe«, Sailauf: Dieses geschmackvoll eingerichtete Schloßhotel nahe bei Aschaffenburg war ab 1256 das Jagdschloß der Mainzer Erzbischöfe. Einen angenehmen Aufenthalt versprechen 26 komfortable Zimmer und Suiten, und der fünf Hektar große Schloßpark lädt zu ausgedehnten Spaziergängen ein. Neben kulinarischen Spezialitäten bietet Andrej Kuhar als Chef des Hauses zusammen mit seiner Frau Danica ein ansprechendes Ambiente, in dem auch anspruchsvolle Gäste sich wohlfühlen können.
Anschrift: Schloßhotel »Die Weyberhöfe«, 63877 Sailauf
Tel.: 06093/9400, Fax: 06093/940100

KÖCHE UND HOTELS STELLEN SICH VOR

RAGOÛT, GLEICH EINER LIEBESNACHT

Gisbert Austgen arbeitete nach einer Lehre als Koch in renommierten Restaurants in Luxemburg und Frankreich. Er ist berufener »Eurotoques«-Küchenchef. In der »Fasanerie« kreiert er eine meisterhafte Küche, die mit vielen Auszeichnungen bedacht wurde. Seine begehrten Rezepte findet man auch in dem Buch »Die Rheinland-Pfälzische und Saarländische Meisterküche«.

Romantik Hotel »Fasanerie«, Zweibrücken: Das Romantik Hotel »Fasanerie«, auf den Grundmauern eines königlichen Lustschlosses erbaut, liegt wahrhaft idyllisch, in Europas einzigem Wildrosengarten. Unter der Direktion von Roland Zadra wurde die »Fasanerie« in den letzten Jahren zu den »Beliebtesten Hotels«von ganz Deutschland gewählt (1. Platz 1996, 3. Platz 1997). Neben den kulinarischen Köstlichkeiten stellen die komfortablen Zimmer und die Fitnessabteilung mit einem Glaskuppelschwimmbad eine weitere Besonderheit in der stets gefragten »Fasanerie« dar.
Anschrift: Romantik Hotel »Fasanerie«, Fasanerie 1, 66482 Zweibrücken
Tel.: 06332/9730, Fax: 06332/7973111

TROSTMAHL FÜR EINE BETROGENE

Jochen Traub (auf dem Foto rechts) war als Küchenmeister in verschiedenen deutschen Hotels und Restaurants tätig. Er versteht es meisterhaft, eine nicht alltägliche Speisekarte zu präsentieren, die seinen spezifischen Stil verrät. Dieser Stil folgt keinen beliebigen Modetrends, sondern gibt einer natürlichen, unverfälschten Küche den Vorrang.
Thomas Bomrich (auf dem Foto links) fungiert im »Hotel Palatin« als Küchenchef. Nach seiner Kochausbildung durchlief er mehrere Stationen in der renommierten Steigenberger-Hotelkette. Bomrichs Kochkünste zeichnen sich durch außerordentliche Kreativität und Raffinesse aus.

Hotel Palatin, Wiesloch: Unter dem Motto »Außergewöhnlich Tagen und Wohnen« wurde es am 1. Mai 1992 als Privathotel eröffnet. Durch das persönliche Engagement von Wilhelm Gschoßmann wurde das Hotel zu einem der ersten Adressen in Süddeutschland. Sich im Restaurant verwöhnen zu lassen wird für viele Gäste zu einem ganz besonderem Erlebnis.
Anschrift: Hotel Palatin, Ringstr. 17-19, 69168 Wiesloch
Tel.: 06222/58201, Fax: 06222/2555

GALANTES GABELFRÜHSTÜCK IN BRÜHL

Winfried Peters ist ein Küchenmeister, der es versteht, Elemente der traditionellen Küche mit der modernen Küche harmonisch zu verbinden. Dies konnte er in namhaften Hotels in Deutschland, Frankreich und der Schweiz unter Beweis stellen. Seine phantasievollen Speisen, die jedoch die einheimische Küche nicht vernachlässigen, finden weithin großen Anklang.

Romantik Hotel Haus Elmer, Hamminkeln-Marienthal: Das Hotel am Niederrhein, von Marlies und Karl-Heinz Elmer geschmackvoll mit Kunst und Antiquitäten ausgestattet, ist etwas ganz Besonderes. Hier kann man seine »Freude am Schönen« genießen, sich mit »Speis und Trank« verwöhnen lassen, kurz gesagt, hier ist die Welt noch in Ordnung.
Anschrift: Romantik Hotel Haus Elmer, An der Klosterkirche 12, 46499 Hamminkeln-Marienthal
Tel.: 02856/9110, Fax: 02856/91170

KÖCHE UND HOTELS STELLEN SICH VOR

AUGSBURGER BACCHANAL

Romeo Hofer ist ein mehrfach ausgezeichneter Küchenmeister (1 Michelin-Stern, 17 Punkte im »Gault Millau«, 2 Sonnen von »Savoir Vivre«). Der »Eurotoques«-Spitzenkoch wurde zum »Koch des Jahres 1995« gewählt. Als »Maître Rotisseur« der »Confrérie de la Chaîne des Rotisseurs« gewann er die »Silberne Olive«.

Alpenhotel Krone, Pfronten: Romeo Hofer ist Chefkoch und gleichzeitig Geschäftsführer dieses renommierten Hauses. Zu Casanovas Lebzeiten, 1770, wurde es als »Hochstiftliches Amtshaus« erbaut. Die Restaurants des Alpenhotels werden nach »Marcellino's Deutschland« unter den »Top 6« in Bayern geführt, und die Zeitschrift »Capital« setzte es 1998 unter den 100 Toprestaurants Deutschlands auf Platz 43.
Anschrift: Alpenhotel Krone, Tiroler Straße 29, 87459 Pfronten-Dorf
Tel.: 08363/6076, Fax: 08363/6164

EWIGE JUGEND

Ludwig Rath ist ein Spitzenkoch par excellence, der in vielen renommierten Häusern in Deutschland, in der Schweiz und in Schweden tätig war, und seinen Horizont als Chef-Gardemanager auf der »TS Hamburg« und auf der »TS Hanseatic« noch mehr erweiterte. Der erfahrene Küchenmeister ist Berufener von »Eurotoques« und seit 1991 Küchenchef im Hotel und Club Sonnenbühl.

Hotel-Club Sonnenbühl, Altensteig/Wart: Das beliebte Tagungs- und Ferienhotel, dem gleichzeitig ein modernes Congress Centrum angeschlossen ist, verfügt über 126 komfortable Zimmer und Suiten. Im beliebten Urlaubsgebiet Schwarzwald gelegen, wurde dieses Haus unter der Leitung von Riccardo Postai zu einer begehrten Adresse sowohl für Urlauber als auch für Tagungsteilnehmer.
Anschrift: Hotel-Club Sonnenbühl, Wildbader Str. 44, 72213 Altensteig/Wart
Tel.: 07458/7710, Fax: 07458/771111

ICH SPEISTE SEHR FRÖHLICH UND SEHR GUT

Michael Lacher (auf dem Foto links) stellt sich als junger Küchenmeister mit Traumnoten vor. Nach mehreren Stationen in Spitzenrestaurants übernahm er die Position des Küchenchefs in dem Restaurant »Alte Sonne«. Seine kreativen und wohldurchdachten Kompositionen auf der Basis absolut frischer Lebensmittel wurden mit einem Michelin-Stern, mit 3 »Schlemmerlöffel« und vielen anderen Ehrungen ausgezeichnet. Er wurde zum »Aufsteiger« des Jahres 1995 (2. Platz) gewählt und ist »Eurotoques«- Küchenchef.

»Alte Sonne«, Ludwigsburg: Keine Geheimadresse mehr, denn unter den Gourmets hat es sich schon lange herumgesprochen, daß man in dem Restaurant »Alte Sonne« äußerst zufriedenstellend verwöhnt wird. In dem Haus mit dem geschmackvollen Ambiente werden die Gäste vom mehrfach ausgezeichneten Restaurantmeister *Torsten Lacher* (auf dem Foto rechts) und der Restaurantmeisterin Ina Lacher bestens betreut und unaufdringlich, aber kompetent beraten.
Anschrift: »Alte Sonne«, Bei der kath. Kirche 3, 71634 Ludwigsburg
Tel.: 07141/92523132, Fax: 07141/902635

KÖCHE UND HOTELS STELLEN SICH VOR

Potsdamer Souper

Jürgen Zierhut erhielt seine Ausbildung als Koch bei »Feinkost Käfer« in München. Danach war er in Düsseldorf und Berlin tätig. Bevor er Küchenchef des Hotels »Voltaire« wurde, besuchte er die Staatliche Wirtschaftsfachschule der Hotelerie und Gastronomie in Berlin, wo er erfolgreich die Ausbildung zum staatlich geprüften Betriebswirt abschloß.

Arkona Hotel Voltaire, Potsdam: Dort, wo einst Casanova die Tänzerin Denis traf, steht das beeindruckende Hotel. Es verfügt über mehrere Restaurants, eine urige Kneipe, die den Namen »Potsdamer Bierstange« trägt, über Tagungsräume und über 143 elegante Zimmer. Der Chef des Hauses, Frank Schwabe, hat Potsdam mit dem Hotel »Voltaire« um einen wahren Edelstein bereichert.
Anschrift: Arkona Hotel Voltaire, Friedrich-Ebert-Straße 88, 14467 Potsdam
Tel.: 0331/2317501, Fax: 0331/2317500

Fastenspeise nach Art des Fürstabtes

Oskar Kapp (auf dem Foto 2. v. r.) ist Sous chef im Hotel »Zum Stern«. *Volker Friebe*, verantwortlicher Küchenchef, hat in berühmten Hotels in Deutschland, Großbritannien und der Schweiz gearbeitet. Friebe und sein Küchenteam bieten eine abwechslungsreiche Speisekarte, die von den Gästen begeistert aufgenommen wird.
Küchenmeister Oskar Kapp ist zuständig für die regionale Küche und für die sogenannte Erlebnisküche, die er auf seinem Berufsweg in renommierten Restaurants in Deutschland, Irland und der Schweiz entdeckte; hier kann er seine Kreativität bestens unter Beweis stellen.

Romantik Hotel »Zum Stern«, Bad Hersfeld: Dieses hervorragende Hotel, seit 1622 als Gasthof nachgewiesen, wurde 1874 von der Familie Kniese gekauft. Unter der Leitung von Walter Kniese gehört es heute zu den besten hessischen Restaurants und Hotels. Das Romantik Hotel bietet romantische, doch mit jedem modernen Komfort ausgestattete Zimmer, historische Gasträume, in denen man wahrhaft dem Gaumenschmaus frönen kann, und einen exzellenten Service.
Anschrift: Romantik Hotel »Zum Stern«, Am Markt, 36251 Bad Hersfeld
Tel.: 06621/1890, Fax: 06621/189260

Sündhaft köstliche Bissen

Rainer Bornholdt hat seinen Traumberuf erwählt. Das merkt jeder Gast an der Zubereitung der Speisen. Seine Fischspezialitäten sind weit und breit gefragt, schließlich war er auch im bekannten Fischereihafenrestaurant Hamburg für längere Zeit tätig. Doch seitdem er verantwortlicher Küchenchef im Restaurant Orangerie im Schloß Heiligenstedten ist, kommen selbst die Hamburger zu ihm.

Schloß Heiligenstedten, Heiligenstedten: Die Überreste des 1717 gebauten Schlosses wurden Ende der achtziger Jahre von der Familie Milz erworben, die das gesamte Anwesen mit großem Aufwand sanieren ließ. Es entstand ein mustergültiges Hotel mit 19 luxuriösen Zimmern und einem vorbildlichen Restaurant, das 1992 eröffnet wurde. Es steht unter der engagierten Direktion von Jörg Steinhäuser.
Anschrift: Schloß Heiligenstedten, Schloßstr. 13, 25524 Heiligenstedten,
Tel.: 04821/8733537, Fax: 04821/87338

KÖCHE UND HOTELS STELLEN SICH VOR

Postmeisteressen

Andreas Bierschock wurde in Bad Windsheim als Koch ausgebildet. Danach praktizierte der Franke in verschiedenen renommierten Häusern, bis er Küchenchef im »Goldenen Hirsch« wurde. Er verhalf der regionalen Küche zu neuem Aufschwung, indem er überlieferte Rezepturen dem Geschmack des modernen Gaumens behutsam anpaßte. Nicht nur die Liebhaber fränkischer Küche werden hier auf ihre Kosten kommen.

Alte Poststation »Goldener Hirsch«, Emskirchen: Die besterhaltene Poststation aus Casanovas Zeiten präsentiert sich unter der fachkundigen Leitung von Familie Schuler fast durchgängig im alten Stil. Die Küche dieses Hauses, in dem Casanova Station machte, wurde mit mehreren Preisen ausgezeichnet. Ein ganz besonderes Erlebnis dürfte für viele das einmal monatlich durchgeführte »Postmeisteressen à la Casanova« sein.
Anschrift: Alte Poststation »Goldener Hirsch«, Am Marktplatz 6, 91448 Emskirchen
Tel.: 09104/695, Fax: 09104/691

Die Österreicher sind als grosse Feinschmecker bekannt

Rainer Frühwald ist ein erfahrener Koch, der außerordentlich erfolgreich in führenden Häusern in Österreich und Deutschland tätig war. Bevor er Küchenchef im Grand Hotel Sauerhof wurde, arbeitete er als Chefkoch im berühmten Palais Schwarzenberg in Wien.

Grand Hotel Sauerhof, Baden bei Wien: Das 1978 eröffnete 4-Sterne-Hotel, 26 km von Wien entfernt, wurde 1820 von Josef Kornhäusel als Biedermeier Palais erbaut. Das Traumhotel bietet neben 88 Zimmern und 5 Suiten im Biedermeier-Stil verschiedene Restaurants, Römerbad, Hauskapelle, historischen Weinkeller, Konferenz- und Bankettträume. Durch die umsichtige Direktion von Kurt Dohnal erhielt das Haus internationales Niveau.
Anschrift: Grand Hotel Sauerhof, Weilbergerstr. 11-13, A-2500 Baden bei Wien
Tel.: 0043-2252/412510, Fax: 0043-2252/48047

Krebssuppe und dann sterben

Andreas Pfeifer ist einer der kreativen Nachwuchsköche, von denen man in den nächsten Jahren sicher hören wird. Seine Berufsausbildung erhielt er in Esslingen, dann praktizierte er in renommierten Häusern in England, Kanada und der Schweiz. Er war Küchenchef im berühmten »Gogärtchen« in Kampen auf Sylt und in der »Fissler Post« in Stuttgart. Neben weiteren Auszeichnungen erhielt er von »Gault Millau« eine Kochmütze, »Savoir Vivre« ehrte ihn mit einer Sonne.

Dorint, Chemnitz: Seit der Eröffnung im Jahre 1995 steht das Haus unter der Direktion von Ullrich M. Rasche. Bundesweit hat sich sein erfolgreiches Engagement in der Erlebnisgastronomie herumgesprochen, die er unter das Motto »Lebenslust und Kunstgenuß« stellte. 1997 wurde dem Dorint Hotel von der Hotel Sales & Marketing Association-Deutschland der Deutsche Marketing Preis verliehen. Das 4-Sterne-Haus, dessen Ambiente mit den Luxushotels von Singapur vergleichbar ist, bietet 187 Zimmer und Suiten, einen exklusiven Freizeitbereich und sogar einen Golfübungsplatz.
Anschrift: Dorint Parkhotel Chemnitz, Deubners Weg 12, 09112 Chemnitz
Tel.: 0371/38070, Fax: 0371/3807100

BILDNACHWEIS

Archiv für Kunst und Geschichte, Berlin: S. 48, 110, S. 144
Archiv Verlag, München: S. 78
Bildarchiv Preußischer Kulturbesitz, Berlin: S. 22
Editions de la Réunion des Musées Nationaux, Paris, (© Photo RMN – Michèle Bellot): S. 28
Germanisches Nationalmuseum Nürnberg: S. 118
Staatliche Graphische Sammlung, München: S. 10, 40
Städtische Galerie im Lenbachhaus, München, Umschlagillustration
Stiftung Preussische Schlösser und Gärten Berlin-Brandenburg/Bildarchiv: S. 98
VIP-Vortragsdienst: S. 58, S. 66, S. 88, S. 126, S. 134
Zada, Josef/Nachlaßverwaltung Dux: S. 7

Umschlagillustration: »Das Göttermahl – Hochzeit von Bacchus und Ariadne«, 1. Drittel 17. Jh., zeitgenössische Kopie nach Hendrick van Balen d. Ä., Städtische Galerie im Lenbachhaus, München
S. 7: »Giacomo Casanova«, 1796 von seinem Bruder Francesco gemalt. Mit freundlicher Genehmigung von Josef Zada, Nachlaßverwaltung Dux
S. 10: »La Surprise« von Jean-Michel Moreau d.J., Staatliche Graphische Sammlung, München
S. 22: »Casanovas Flucht aus den Bleikammern am 1. November 1756«. Kupferstich von Berka.
S. 28: »Souper à Louveciennes« von Jean-Michel Moreau d. J., Editions de la Réunion des Musées Nationaux, Paris, (© Photo RMN – Michèle Bellot)
S. 40: »Galantes Souper« von Jean-Michel Moreau, d. J., Staatliche Graphische Sammlung, München
S. 48: »Der zerbrochene Fächer« von Louis Marin Bonnet nach Huet, Farbkupferstich, um 1780, Archiv für Kunst und Geschichte, Berlin
S. 58: »Marie van Groote«, Gattin des Kölner Bürgermeisters, VIP-Vortragsdienst
S. 66: Szenenfoto Commedia dell' Arte, VIP-Vortragsdienst
S. 78: Stich von L. Saraghue, nach Hogarth, 1741, Archiv Verlag
S. 88: »Carl Eugen, Herzog von Württemberg«, VIP-Vortragsdienst
S. 98: »Die Tänzerin Denis« von Antoine Pesne, Stiftung Preußische Schlösser und Gärten Berlin-Brandenburg/Bildarchiv
S. 110: »Benediktinermönch«, Archiv für Kunst und Geschichte, Berlin
S. 118: »Die fröhliche Tischzeit«, Stich um 1760, Germanisches Nationalmuseum Nürnberg
S. 126: Kupferstich des Gasthauses »Goldener Hirsch«, VIP-Vortragsdienst
S. 134: »Kaiserin Maria Theresia«, VIP-Vortragsdienst
S. 144: »Elisa von der Recke«, Porträt um 1787 von Anton Graff,

VERWENDETE LITERATUR

Casanova, Giacomo: »Geschichte meines Lebens«. Hrsg. von Erich Loos. Erstmals nach der Urfassung aus dem Franz., übersetzt von Heinz v. Sauter. Propyläen Verlag, Berlin 1964, Neuausgabe 1985

Casanova, Giacomo: »Gesammelte Briefe«. Hrsg. von Enrico Straub, Band I und II. Propyläen Verlag, Berlin 1970

Casanova, Giacomo: »Histoire de ma vie«. Edition integrale, 6 Bände. Brockhaus Verlag, Wiesbaden 1960/62

Casanova, Giacomo: »Vermischte Schriften«. Hrsg. von Enrico Straub. Propyläen Verlag, Berlin 1971

Childs, J. Rives: »Casanova. Die große Biographie«. Blanvalet Verlag, München 1977

Hillenbrandt, Ludwig: »Bei Casanova zu Gast«. Heyne Verlag, München 1966

Hübner, Barbara: »Casanovas Rezeptbuch«, Benteli Verlag

Jung, Matthias u. Pollmann, Bernhard: »Casanova. Die Geschichte meines Lebens«. Harenberg Verlag, Frankfurt 1984

Marceau, Félicien: »Casanova«. Claassen Verlag, Hildesheim 1985

Müller, Martin: »Casanova in der Schweiz«. Artemis Verlag, Zürich 1983

Nettl, Paul: »Casanova und seine Zeit«. Bechtle Verlag, Esslingen 1949

Oppeln-Bronikowski, Friedrich von: »Casanova. Abenteuer und Erlebnisse in Deutschland und der Schweiz«. Carl Reissner Verlag, Dresden

Sauter, Heinz von: »Der wirkliche Casanova«. Engelhorn Verlag, Stuttgart 1986

Zapponi, Bernardino: »Fellini – Casanova«. Diogenes Verlag, Zürich 1977

REZEPTVERZEICHNIS